Tanz und Klang und tiefe Stille
– Meditation des Tanzes –

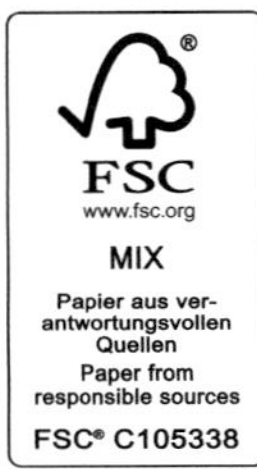

Bibliografische Information der Deutschen Nationalbibliothek
Die Deutsche Nationalbibliothek verzeichnet diese Publikation in der Deutschen Nationalbibliografie; detaillierte bibliografische Daten sind im Internet über http://dnb.d-nb.de abrufbar

Layout: Friedel Kloke-Eibl, Verlag opus magnum
Cover unter Verwendung des Gemäldes „Tanz der Lichtträgerinnen"
von Irja Hiltunen
Herstellung: Books on Demand GmbH. Norderstedt
ISBN 13: 978-3-95612-026-8

Friedel Kloke

Tanz und Klang und tiefe Stille
– Meditation des Tanzes –

opus magnum

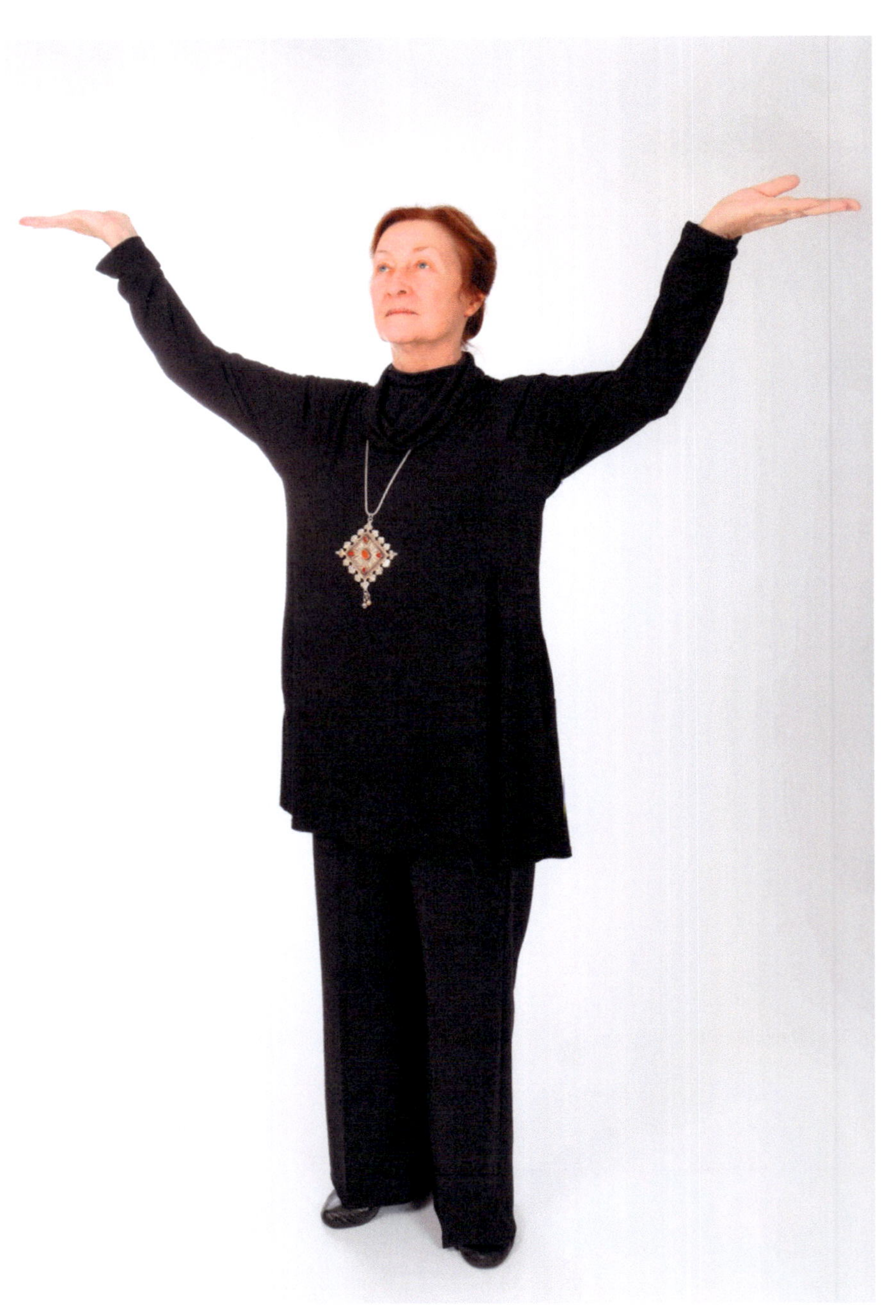

Foto: ©fotowerkstatt-bernard.de

Inhalt

Vorwort von Alfred Bast

Vorwort das meint: … ein Wort vorweg. Vorweg für was? Für etwas das weniger in Worten spricht, als in Bewegungen, Gesten, Gebärden und Gestalten. Ein Vorwort für den Tanz. Genauer: für das neue Buch von Friedel Kloke-Eibl über die *Meditation des Tanzes*. Diese Tanzform wurde von der Autorin aus reicher, musikalischer und tänzerischer Tradition weiterentwickelt, neu inspiriert und facettenreich choreografiert. Weltweit, von Japan bis Brasilien werden ihre Tänze von Menschen aller Altersgruppen getanzt.

Unter **Meditation** wird meist Versenkung und körperliche Stille verstanden. Fast wie das Gegenteil davon erscheint der Tanz, denn er ist Expression und Ausdruck innerer Dynamik. Dieser scheinbare Widerspruch löst sich in der *Meditation des Tanzes* in der polaren Ergänzung der Gegensätze auf. Stille und Bewegung verbinden sich zu bewegter Stille, in der sich Meditation und Aktion zu pulsierenden Figuren verbinden. Darin sind die Gegensatzpaare: ein-aus, aktiv-passiv, still-bewegt, vor-zurück, links-rechts, oben-unten in Gebärden und Tanzschritte übersetzt.

Diese schöpferischen Verbindungen der Gegensätze verdichten sich zu Tänzen in denen universelle Bewegungsordnungen, die in Planetenbahnen und in unseren Zellen wirken, erlebbar werden und sich darin ausdrücken.

Was ist das für ein Erleben, was geschieht in den Tanzseminaren bei der Umsetzung der Choreografien? Und noch einen Schritt zurück gefragt: wie entstehen diese Tänze? Was inspiriert Friedel Kloke-Eibl dazu?

Inspiration ist der energetische Kern in jedem künstlerischen Prozess. Deshalb gibt es eine Nähe und Verwandtschaft zwischen den Künsten, also auch zwischen meinen Bild-Tänzen und den Tanz-Bildern von Friedel Kloke-Eibl. Die künstlerische Verwandtschaft beinhaltet drei Aspekte. Einmal die **Urbilder** und deren Bewusstmachung und Belebung. Dann **die Kunst** als inspirierende Gestaltungskraft des Lebendigen selbst, nicht nur als Expression und Ausdruck psychischer Befindlichkeiten. Und zum Dritten: **Grund und Ziel** des Menschen in seiner Bewegung in Zeit und Raum. Aus dieser gemeinsamen Basis heraus kann ich über die *Meditation des Tanzes* schreiben.

Urbilder

Bei der Frage, welches sind die Urbilder die diesen Choreografien zu Grunde liegen, taucht als erstes Urbild – das ist sonnenklar – der Kreis in Erscheinung. Als sonnen- und mondenrund, wie das Auge selbst, das dies sieht. Aus der Sonne brechen lichte Strahlen hervor. Damit sind die ursprünglichen Figuren und Bewegungen genannt: Kreis und Strahl.

Kreis und Strahl

Aus Kreis und Strahl gehen alle Bewegungen, Formen und Gestalten hervor. Wirklich alle. Aus Kreis und Strahl entwickeln sich in unerschöpflicher Variation die strömenden Formen der Spiralen, die die Gegensätze integrieren, von den Galaxien über Wasserwirbel und Schneckenhäuser bis zur Doppelhelix, die das Erbgut speichert. Spiralen sind Kreisbewegungen mit einer Richtung, so wie das Ei eine vollkommene Kugel ist – mit einer Tendenz. Kreis und Strahl repräsentieren Ewigkeit und Zeit. Aus Kreis und Strahl bilden sich auch diese Buchstaben die sie lesen.

Das Kreuz

Ein weiteres Urbild ergibt sich aus den vier Himmelsrichtungen und den vier Elementen, die sich in einem Punkt kreuzen. Es ist auch das Zeichen des Menschen, in dem sich das Zeitlich-Räumliche und das Ewige treffen. Im Kreuzpunkt öffnet sich die Quell-Kraft der Mitte, die sich zum atmenden bewegten Kreis dehnt. Wenn diese Mitte nicht von Streit heimgesucht wird, der heimatlos macht, sondern ihre innerste Qualität durch aufmerksame Entschlossenheit und aktive Stille aufgerufen wird, dann kann aus dieser Kreuzes-Mitte die Seelenrose des Herzens erblühen, die auf den Geist ausgerichtet ist wie die Blüten auf das Licht, und ebenso wie diese von dorther Sinn und Nahrung bekommen. Weitere geometrische Figuren, das Dreieck, das Quadrat, das himmlische Pentagramm mit seinen Goldene-Schnitt-Proportionen sind in die Choreografien von Friedel Kloke-Eibl eingewoben.

Die Kunst

Doch wie entstehen diese urbildlichen Tänze und was inspiriert die Autorin dazu?

Ein inspirierter Mensch, wie sie, bildet in ihrem Werkschaffen ein inneres Empfangsgefäß für Intuition aus, vergleichbar einer goldenen Schale, oder technisch gesprochen, einem hochsensiblen Sensor, der sich aus Wissen, Erfahrung, Demut und Ausrichtung bildet. Dieser empfangsbereite Sensor ist der höchste Gipfel der eigenen Fähigkeiten. Er ist ausgerichtet auf die spirituelle Intelligenz, die weder dem gewöhnlichen Bewusstsein eines Homo Faber, noch den eigenen Wunschprojektionen zugänglich ist.

Um empfangen zu können braucht es Geistesgegenwart. Damit sich – im Wortsinn – der Geist in die Gegenwart einsenkt, und diese, mit all ihren Aspekten, blitzartig belichten kann. In einem solch inspirierten, visionären Augenblick, wird das Vorbereitete, Geübte, Gelernte und Gekonnte in einem neuen, bis dahin unbekannten Zusammenhang erschaut. In dieser Schau, die nicht in Zeiteinheiten zu messen ist, treten isolierte Fragmente spontan in Beziehung, sie reichen sich gleichsam die Hände und erwirken die neue Choreografie, das neue Bild, das weder erdacht noch gemacht werden kann, sondern als Geschenk, eben als Inspiration erlebt wird. Dann beginnt die Arbeit. Es sollte dabei nicht vergessen werden, dass Inspiration nur geschehen kann, wenn alles Erdenkbare und Machbare zuvor mit Disziplin, freudigem Elan und auch mit schmerzvollen Phasen des Scheiterns erarbeitet, eingeübt und vorbereitet wurde. Es braucht einen vorbereiteten, beackerten Grund mit gutem Humus, damit ein Geistesblitz, eine Vision, eine Idee – wie ein Same – sich darin verwurzeln und aufgehen kann.

Doch kommen die Kraft und die Geduld, die hierzu nötig sind, selbst bereits aus einer ahnungsvollen inneren Sehnsucht, die sich zeigen und offenbaren möchte, um durch Form, Ausdruck und Bewegung mitteilbar zu werden. Diese erwartungsvolle bereite, dunkle Sehnsucht wird durch die Inspiration im Nu belichtet. Manchmal als Blick von oben, wie bei Friedel Kloke-Eibl, die den neuen Tanz wie einen fertigen Masterplan erschaut, der nur noch realisiert werden muss. Das erzeugt und enthält die Kraft und den Willen, den langen Weg zur detaillierten Verwirklichung zu gehen, die dafür nötigen Fähigkeiten zu erlernen und weiter zu entwickeln. Hier kreuzt sich der zeitfreie, spirituelle Moment der Inspiration, mit den Bedingungen von Raum und Zeit, in die er übersetzt werden will. Dabei wird auch ein sehr feines Gespür, einer präzisen Navigation vergleichbar, ausgebildet, die auf diesen intuitiven Impuls ausgerichtet bleibt wie die Kompassnadel auf den Nordpol. Jeder Realisierungsschritt, vom ersten Entwurf bis zur detaillierten Choreografie, wird damit abgestimmt. Es wird so lange geübt und geschliffen und mit den eigenen Unzulänglichkeiten gerungen, bis die stimmige Entsprechung gefunden wird, bis der durch die Inspiration belichtete „dunkle Rohstoff der Sehnsucht“ sich angereichert hat und zum klaren Diamanten wird. Bis die Form dem Ur-Impuls entspricht, dieser sich darin ausdrückt und schließlich im detailliert choreografierten Tanz die innersten, heiligen Kräfte freiwerden die ihn inspiriert und gebildet haben.

Auf diese Weise schafft die Autorin einen gangbaren Weg, oder besser: eine Brücke, von der unsichtbaren pulsierenden Kraft des Urgrundes, der sie selbst inspiriert, zur sinnlichen Erscheinung in Zeit und Raum. Dann kann im aktiven, gemeinschaftlich tanzenden Nachvollzug die Distanz zwischen den äußeren Labyrinthen des isolierten Einzel-Ich und dem verbindenden inneren Urbild überbrückt werden. Das ist ein Weg in die eigene Mitte und ihren Urgrund, der im tanzenden Geschehen als Lebenskraft und Lebensfreude erfahren und freigesetzt werden kann.

Die Gegenwart, das Jetzt, die Körperpräsenz, die alle Sinne einbezieht sind notwendig damit durch den Tanz das eigene Urbild in Resonanz kommt, darin schwingt und erwacht. Wenn das geschieht, werden alle Schichten, alle empfangsbereiten Schalen des Ichs von dieser urbildlichen Gestaltkraft rhythmisch-harmonisch und atmend bewegt, durchsonnt und durchpulst, wie von einem großen Gong in dem alles auf stimmige Weise vibriert. Alle Lebensaspekte werden auf geheimnisvolle Weise berührt, mit den Ordnungsstrukturen der Tänze durchdrungen und neu justiert, wo sie in Dissonanz geraten sind.

Grund und Ziel

Bewegung ist zielgerichtet. Was aber, wenn das Ziel erreicht ist, oder sich auflöste in endlosen Wiederholungen? Wo sind wir, wenn wir angekommen sind … heimatlos geborgen … in der Mitte des Seins, das sich dem Ichzugriff entzieht? In einem solchen Zustand ändert sich die Orientierung. Nicht mehr das Ich ist das dominante Zentrum, die Mitte, um die sich alles dreht, und zeitenweise auch drehen muss, sondern das Mysterium des Seins selbst wird als Mitte erahnt, erkannt und schließlich anerkannt. Dann wendet sich der Ichsinn, der narzisstisch geübte, der seine Identität aus dem Spiegel bezieht, um und richtet sich auf die Mitte aus, die auch im eignen Wesen, das lebendige Zentrum bildet. Der Weg führt dann durch die Labyrinthe des facettenreichen Ichs zur Quelle, die in der Mitte sprudelt. Nicht allein die Überwindung einer horizontalen Strecke von A nach B in Zeit und Raum ist dann noch das Ziel, sondern die Mitte als die geistige Vertikale, als Axis mundi, um die alles Manifestierte kreist und davon belebt wird. Von jedem Standpunkt in Zeit und Raum aus kann dann ein einziger Schritt, ein einziger beseelter und begeisterter Tanzschritt in diese Mitte führen, in der das Leben pulsiert.

So beginnt der „vertikale Weg" durch die *Meditation des Tanzes*, indem Geistesgegenwart, Stille und die Freude der Bewegung sich in innigster und schönster Weise verbinden, um durch den Tanz die erstarrten Standpunkte des isolierten Ichs in fließende, strömende, heilende Bewegungen zu überführen, in denen die Urbilder klingen. In diesen getanzten Ur-Bildern findet jedes Ich seinen eignen, unersetzbaren Platz im Kreis. Es muss sich nicht mehr behaupten, sondern setzt sich beherzt in Bewegung. Die Füße zeichnen dann unsichtbare Spuren auf den Boden. Würden sie sichtbar, sie glichen Blüten und den sichtbar gemachten Planetenbahnen von Hartmut Warm.

Ein vertikaler Weg beginnt dann, wenn der horizontale mit seinen Wiederholungen und Zyklen durchschritten ist, wenn er reif und rund geworden ist, und sich die dunkle Wucht der Sehnsucht von außen ab nach innen zu wenden beginnt, inspiriert von den Formkräften, die in den Tänzen wie verpackte Kräfte darauf warten, tanzend freigesetzt zu werden. Wenn die langen Umrundungen weiter Kreise sich immer mehr der geistigen Mitte um die sie kreisen bewusst werden, kann die

Kraft der Mitte schließlich selbst in den äußersten Bewegungen wirksam werden.

Der Tanz wird dann zur lichten Spur auf dem vertikalen Weg, die sich dem aufrechten Körper einschreibt – vom Kopf bis in die Füße und wieder zurück – wie eine Flamme. Dann werden die körperlichen und seelischen Zellen durchlichtet und mit geistiger Kraft genährt und belebt und der Leib erhebt sich freudig und staunend, wie alt er auch sein mag, aus den Schalen des Ichs in sein erhabenes Urbild.

Mein herzlicher Dank an Friedel Kloke-Eibl für das Vertrauen, dieses Vor-Wort schreiben zu können, in dem die Worte sich wie im Kreistanz um jene unsagbare Mitte bewegen, die sie wortlos musikalisch für so viele Menschen durch ihre Tänze öffnet und freisetzt.

Alfred Bast

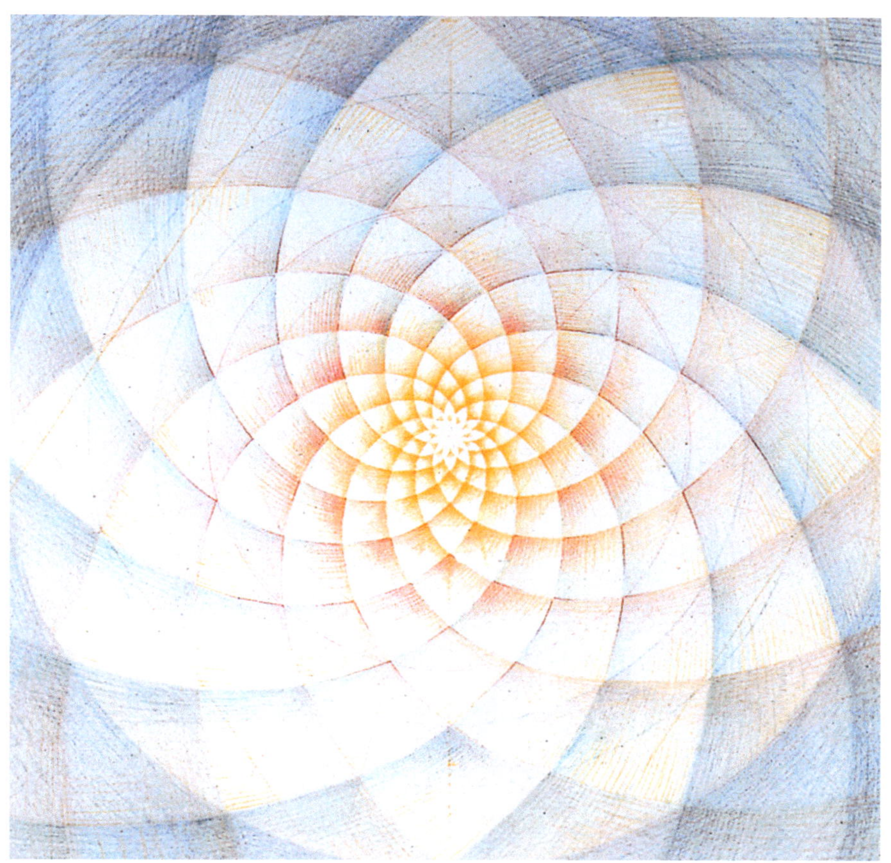

Alfred Bast, Seelenarbeit, 1989

Prolog

Zur Einstimmung

Erinnerungen verschwimmen wie in einem Spiegel.
Aber es liegt nicht am Spiegel.
Es liegt an den Erinnerungen.

Hermann Hesse[1]

In einem Brief an Friedrich Westhoff im Jahre 1904 schreibt Rainer Maria Rilke: „Ich werde einmal, wenn ich reifer und älter bin, vielleicht dazu kommen, ein Buch zu schreiben..."

Nicht nur ein sondern viele Bücher wollte ich schreiben. Mit acht Jahren – ich hatte mich noch nicht entschieden, ob ich Nonne, Archäologin, Lehrerin oder Tänzerin werden wollte – versuchte ich mich als „Schriftstellerin". Zum Geburtstag hatte ich mir ein 100 Seiten umfassendes Heft gewünscht, um meine einzigartigen, weltverbessernden und welterneuernden Gedanken zu Papier zu bringen. Ich träumte in den Nachkriegsjahren von einer schöneren, besseren und heilen, ja geheilten Welt. Immer war ich voller Sehnsucht.

Leider sind die ersten (und einzigen) fünf Seiten der Menschheit und mir verlorengegangen, so dass ich dort nicht anknüpfen kann. Um auf Rilke zurückzukommen, das Alter habe ich inzwischen und möglicherweise auch die Reife, meine Gedanken und Erfahrungen auf meinem Tanzweg schriftlich festzuhalten, denn eine wertvolle Gabe des Älterwerdens ist der Schatz an Bildern, die man nach einem langen Leben im Gedächtnis trägt.

Was jedoch das Schreiben angeht: Ich glaube, mit und durch meine Tänze alles Wesentliche gesagt zu haben. Meine intensive Auseinandersetzung auf meinem Tanzweg mit den sieben freien Künsten – vor allem mit Musik (= die schönste Offenbarung Gottes), Poesie, Malerei, Architektur, Numerologie, Astrologie, Geometrie – , dem Christentum, der Theosophie, Anthroposophie und dem Zen-Buddhismus, mit den verschiedenen Einweihungswegen und Mysterienströmungen hat ihren Niederschlag in vielen meiner Choreographien gefunden.

Dennoch: Seit Jahren bestürmen mich die TeilnehmerInnen an meinen Seminaren und Ausbildungen, endlich einmal meine Gedanken über die „Meditation des Tanzes – Sacred Dance“ und die verschiedenen Themenkreise, die ich im Laufe der Jahre (inzwischen sind es 40) behandelt und tänzerisch ausgestaltet habe, zu Papier zu bringen.

Wie sehr erinnert mich das an die Zeit, als ich B. Wosien immer wieder ermutigen, ja antreiben musste, seine philosophischen Gedanken aufzuschreiben. Zwei Jahre lang haben wir gemeinsam an seinem Buch gearbeitet, das in den Niederlanden beim Ankh Hermes Verlag erscheinen sollte. Da B. Wosien kurz vor der Veröffentlichung starb, wurde das Buch leider nie in holländischer Sprache verlegt und erschien nur in Deutschland. Herausgeberin war seine Tochter.

Wie dem auch sei: Hin und wieder habe ich meine Widerstände überwinden können und einige Beiträge für die von mir im Jahre 1996 gegründete Zeitschrift „Balance“ geschrieben. Diese Artikel wurden von mir zusammen mit einigen Vorträgen von B. Wosien in einem Eilverfahren, bevor ich zu mehreren workshops nach Kanada flog, in dem Buch „My dance – a song of silence“ (Eigenverlag) in englischer Sprache zusammengefasst.

Durch Zufall erfuhr ich, dass meine älteste und von mir sehr geschätzte Tänzerin in Rio de Janeiro, Dorothy Pritchard, aus eigener Initiative dieses Buch für einen Verlag in Sao Paulo ins Portugiesische übersetzt hat. Das gab den Anstoß, in den 12 heiligen Nächten und Tagen anzufangen, das Ganze zu überarbeiten und zu ergänzen. Das Resultat liegt Ihnen hier vor.

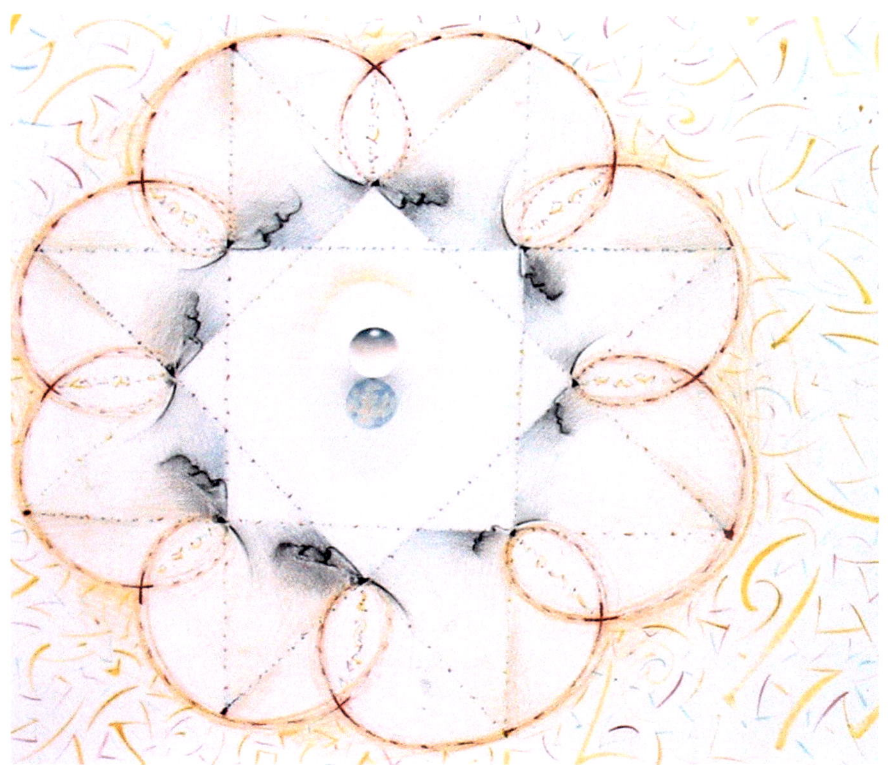

Alfred Bast, Alter des Anfangs, 2002

Stationen auf meinem Weg

I.

Einst war ich nur ein ungetanzter Tanz,
ein nie gesungen Lied, erstickter Klang
und halber Atemzug. O weher Kranz
den man auf meine junge Stirne zwang.
Nun bin ich alles: Tanz und Klang und Sinn
und tiefer Atem …

Rudolf G. Bindings[2]

In unserer Nachbarschaft wohnte eine junge Ballett-Tänzerin. Es war ihr eine Freude, mich zu unterrichten. Eine eifrigere Schülerin hätte sie auch nicht finden können. Ich trainierte jeden Tag, übte den Spagat, Pirouetten etc. etc. und den Spitzentanz auf viel zu großen Schuhen.

Im Alter von ungefähr 10 Jahren ging ich in die nahegelegene Werkskantine. Das hatte ich schon des Öfteren getan. Diesmal jedoch geschah etwas völlig Ungewöhnliches. Auf der Theke stand ein Fernseher. Von der Existenz eines solchen Gerätes hatte ich zwar schon gehört, konnte diesem Gerücht aber kaum Glauben schenken. Der Bildschirm zog mich magisch an und es verschlug mir den Atem, eine Tänzerin (es war Anna Pawlowa) mit noch nie geahnter Vollkommenheit und Anmut den sterbenden Schwan tanzen zu sehen.

Seither trug ich dieses Bild der absoluten Perfektion und Schönheit in mir. Das veranlasste mich, noch viel intensiver zu üben, nur wenige Zeit später in einer Ballettschule unter der Leitung einer professionellen Tanzlehrerin.

Ich studierte mit Nachbarskindern Theaterstücke und Tänze ein und organisierte Auftritte. Meine Mutter und meine Großmutter nähten für uns weiße Röckchen, bei weitem keine Tutus. Es mussten alte Kopfkissen und Bettbezüge herhalten. Dennoch fanden wir uns unvergleichlich schön, wenn auch nicht schwanengleich.

II.

Ich bin auf der Welt zu allein und doch nicht allein genug,
um jede Stunde zu weihn.
Ich bin auf der Welt zu gering und doch nicht klein genug,
um vor dir zu sein wie ein Ding,
dunkel und klug.
Ich will meinen Willen und will meinen Willen begleiten
die Wege zur Tat;
und will in stillen, irgendwie zögernden Zeiten,
wenn etwas naht,
unter den Wissenden sein
oder allein.

Ich will dich immer spiegeln in ganzer Gestalt
und will niemals blind sein oder zu alt,
um dein schweres schwankendes Bild zu halten.
Ich will mich entfalten.
Nirgends will ich gebogen bleiben,
denn dort bin ich gelogen, wo ich gebogen bin.
Und ich will meinen Sinn
wahr vor dir. Ich will mich beschreiben
wie ein Bild, das ich sah
lange und nah,
wie ein Wort, das ich begriff,
wie meinen täglichen Krug,
wie meiner Mutter Gesicht,
wie ein Schiff,
das mich trug
durch den tödlichsten Sturm.

…

Noch bist du nicht kalt, und es ist nicht zu spät,
in deine werdenden Tiefen zu tauchen,
wo sich das Leben ruhig verrät.

Rainer Maria Rilke[3]

III.

Die schwersten Wege
werden allein gegangen.
Die Enttäuschung, der Verlust,
das Opfer sind einsam. ……
Die Hände der Lebenden, die sich
ausstrecken, ohne uns zu erreichen,
sind wie die Äste der Bäume im Winter.
Alle Vögel schweigen
Man hört nur den eigenen Schritt
und den Schritt, den der Fuß
noch nicht gegangen ist,
aber gehen wird.
Stehenbleiben und sich umdrehn
hilft nicht.
Es muss gegangen sein.

Hilde Domin[4]

Wir müssen immer wieder uns begegnen
und immer wieder durch einander leiden,
bis eines Tages wir das alles segnen.
An diesem Tage wird das Leiden weichen,
das Leiden wenigstens, das Blindheit zeugte,
das uns wie blinden Wald im Sturme beugte.
Dann werden wir in neues Ziel und Leben
wie Flüsse in ein Meer zusammenfließen,
und kein Getrenntsein wird uns mehr verdrießen.
Dann endlich wird das „… suchet nicht das Ihre“
Wahrheit geworden sein in unsern Seelen.
Und wie an Kraft wird“s uns an Glück nicht fehlen.

Christian Morgenstern[5]

IV.

Immer wieder
gehen Sterne auf,
die uns vom Leben erzählen,
das uns zutiefst entspricht.

Immer wieder
erscheinen Engel,
die uns den Weg weisen,
der uns dem Ziel näher bringt.

Immer wieder
haben wir Träume,
die uns auffordern ahnen lassen,
was zutiefst in uns ist
und uns hält.
Immer wieder
begegnen uns Menschen.

Max Feigenwinter[6]

V.

So tanze, meine Seele, vor dem Herrn.
Tanze, du Seele, wenn der Abendstern
als Gottes Auge über dir sich baut.
Sieh, wie der Himmel über dir erblaut.
Gott ist allein vor dir und schaut.
Du bist allein mit ihm. Du bist sein Kind.
Tanze, du Seele, tanze mit tanzenden Rehen.
Tanze, du Seele, tanz mit dem tanzenden Wind.
Gottes Auge lacht über den springenden Rehen.
Gottes Fröhlichkeit lacht über dem laufenden Wind.
So tanze, meine Seele, auf der einsamen Flur.
Tanze, du Tänzerin der Welt,
tanz dich ein in das Himmelszelt.
Sieh, Gott selber tanzt auf einsamer Flur.

Adolf von Hatzfeld[7]

VI.

Auch das ist Kunst, ist Gabe Gottes:
aus ein paar sonnenhellen Tagen,
sich so viel Licht ins Herz zu tragen,
dass, wenn der Sommer längst verweht,
das Leuchten immer noch besteht.

Johann Wolfgang von Goethe[8]

VII.

Arbeiten und alt werden, das ist es, was das Leben von uns erwartet.
Und dann eines Tages alt sein.
Aber noch lange nicht alles verstehen, nein.
Aber anfangen, aber lieben, aber ahnen,
aber zusammenhängen mit Fernem und Unsagbarem,
bis in die Sterne hinein.

Rainer Maria Rilke[9]

„Stille ist sehr scheu“

Bei der ersten von mir bewusst wahrgenommenen Stille war ich ca. drei Jahre alt. Meine Mutter betrat mit meinem einjährigen Vetter auf den Armen das Zimmer, in dem meine Großmutter, meine Tanten und wir Kinder gewartet hatten. In diesem Augenblick hielten wir alle den Atem an und in diese Stille fiel das Wort meiner Mutter: tot.

Wie anders war die Stille, als ich zum ersten Mal beobachtete, wie große Schneeflocken auf die Bäume vor dem Haus herab tanzten. Dies war keine angstvolle Stille sondern sie umhüllte mich wie ein weicher Umhang.

Die wunderbare Erfahrung der absoluten, hörbaren Stille hatte ich nur noch einige Jahre später in Island.

Während meiner Schulzeit bewunderte ich die „stillen“ Kinder. Gute Zensuren und Anerkennung wegen meiner Beredsamkeit und Wortgewandtheit, was war das schon im Vergleich mit dem Schweigen einiger meiner Mitschülerinnen. Sie erschienen mir geheimnisvoll, fern und unerreichbar. Immer wieder bemühte ich mich, es ihnen gleichzutun, d. h. „zu blühen wie das Veilchen im Moose bescheiden….“, und ich versuchte mich im vielsagenden Nichts-Sagen. Die Reaktion meiner Umgebung war nicht gerade ermutigend. Schon nach sehr kurzer Zeit kam die besorgte Nachfrage, ob ich krank sei, ob ich einen besonderen Kummer habe.

Es dauerte Jahrzehnte, bis ich u. a. durch die Zen-Meditation und die méditation en croix erkannte, dass und wie man die Sprache und das Denken durch die Verweigerung von Sprechen und Denken läutern kann.

Stille ist nicht gleichzusetzen mit Abwesenheit von störenden Geräuschen und ist nicht eine Frage der äußeren Einflüsse sondern vor allem eine innere Einstellung. Schweigen ist nicht einfach Verzicht auf Worte, obwohl man manchmal sprachlos sein kann oder verstummen vor Schreck oder aber stille werden vor Glück.

Ich bin einigen wenigen Menschen begegnet, an deren Rede zu erkennen war, dass sie aus einem Raum des Schweigens kam. Von Vimala Thakar z. B., einer indischen Philosophin, deren Seminare ich jahrelang besuchte, ging beim Meditieren (sie nannte es „sitting in silence") eine solch tiefe, gesammelte Ruhe aus, die sie auf alle Menschen im Umkreis ausstrahlte und die sich allen mitteilte. In ihren Vorträgen thematisierte sie häufig die Stille, wie z. B. in dem nachstehenden Gedichtauszug:

Stille ist sehr scheu.
Tief in des Menschen Herz
ist sie verborgen.
Gedanken können sie nicht erreichen.
Emotionen können sie nicht berühren.

Ja, Stille ist sehr scheu.
Sie lächelt denen zu,
die sie lieben.
Sie spricht zu denen,
die auf sie warten.

Stille ist sehr scheu.
Beredt wird sie nur,
wenn Denken und Fühlen schweigen.
Wenn du nicht bist,
ist sie Dein.

Vimala Thakar[10]

Bei den ersten Begegnungen mit Bernhard Wosien war die Stille vergeblich zu suchen. Wir tanzten Kreis- und Reigentänze der Völker (hauptsächlich lebhafte russische, polnische und griechische Tänze), die er auch „Reigen der Begegnung und Begeisterung" nannte. Gar nicht selten musizierten und feierten wir bis tief in die Nacht, laubbekränzt und in festlichen Gewändern. Die Zeit blieb stehen, wenn er uns mit Erzählungen über die griechische Mythologie, den Sternenhimmel, die Malerei, Tanz und Musik, von seinen Reisen, seinem Weg als Tänzer etc. in seinen Bann schlug.

Jedoch: Aus meinem tiefen Bedürfnis nach Stille, nach Einkehr entstand ein tägliches Ritual, und zwar eine einstündige Einstimmung. Ich erkannte, dass das Wesentliche der Bewegung die Ruhe und das Wesentliche der Sprache die Stille ist.

Gott ist wie das große Amen
Wie am Sommertag ein Hauch
Er steht über Raum und Zeit
Wie die Melodie der Geigen
Tief wie die Unendlichkeit
Nennt er sich allein im Schweigen.

R. M. Rilke[11]

Zum Adagio aus dem Concerto in G von Georg Philipp Telemann habe ich das

Lied der Stille

choreographiert. Man steht im Kreis, in der 1. Position (= Lehrlingenposition) und reicht sich die Hände. Gemeinsam schreitet man in Tanzrichtung (= die Gesellen/Gesellinnen machen sich auf den Weg, erproben sich in der Gemeinschaft) und hält inne. Dann wendet man sich mit einem Schritt in plié der Mitte zu (= 3. Position), um sich auf das Wesentliche zu besinnen und danach kurz zu verweilen und das Ganze zu verinnerlichen.

... Ich tanz' ein Lied der Stille
nach kosmischer Musik
und setze meinen Fuß am Himmelsrande hin... .

B. Wosien[12]

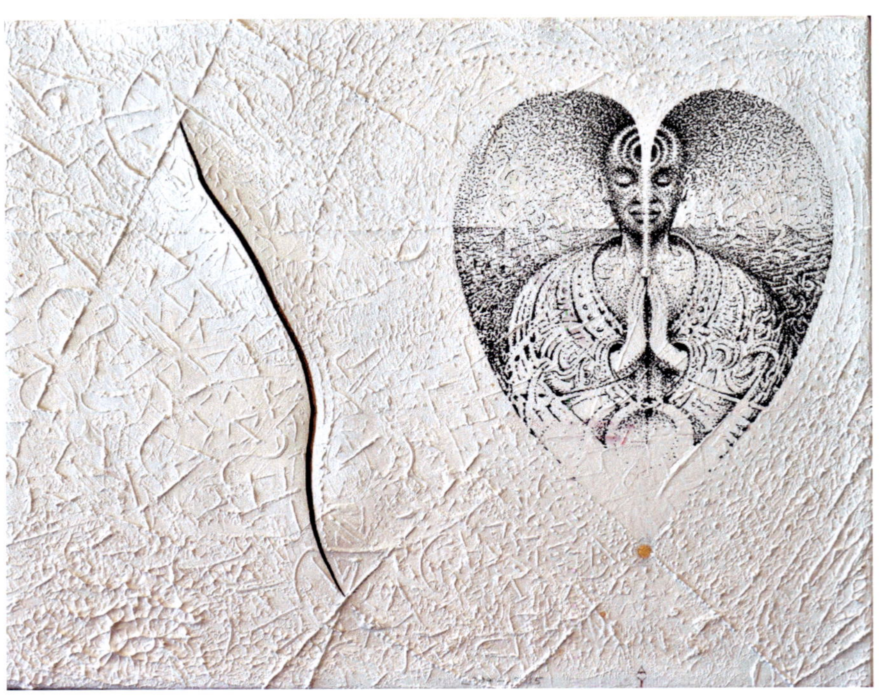

Alfred Bast, Meditation, 2004-2005

Einstimmungsritual

Wie schon gesagt: Stille, die innere Sammlung fand ich NICHT bei dem morgendlichen anderthalb stündigen klassischen Training von B. Wosien. Seit meiner Kindheit war für mich der Ballettsaal ein Raum des konzentrierten Übens und des Schweigens. Begleitet wurden die Übungen, das Training von einer Pianistin. B. Wosien jedoch ließ eine Kassette mit zum Teil Folkloremusik laufen und gab nicht nur Anweisungen sondern „fütterte" uns mit weiteren Informationen. Dennoch offenbarte sich mir das Geheimnis der statio, der méditation en croix.

Während eines Seminars in Kloster Windberg wurde in mir die Sehnsucht nach Stille übermächtig und so beschloss ich, am Morgen eine „Stille-Einheit" zu geben, um die Menschen auf unseren gemeinsamen Tanztag einzustimmen. Ich wollte in die Tat umsetzen, was Wosien in Findhorn folgendermaßen beschrieben hatte:

Aus dem Schweigen des „attunement" (= Einstimmung) entstand in meinem Herzen die Idee der „Meditation des Tanzes" als eines Schreitens in die Stille und eines bewegenden Einstiegs in die Meditation.

Seit mehr als 30 Jahren gestalte ich während all meiner Seminare und workshops jeden Tag eine einstündige Einstimmung zu einem bestimmten Thema. Dieses Ritual ermöglicht den Teilnehmern/Teilnehmerinnen die symbolische Auseinandersetzung mit Grundfragen der menschlichen Existenz und dem Glauben an eine transzendente Wirklichkeit.

Wichtig ist dabei die Musikwahl, und zwar in erster Linie aus der Klassik (Bach, Vivaldi, Telemann, Haydn etc.), denn die Musik ist das Tor zur geistigen Welt und schließt dem Menschen ein unbekanntes Reich auf. „Musik ist eine höhere Offenbarung als alle Weisheit und Philosophie" (Ludwig van Beethoven) und „die schönste Offenbarung Gottes" (Johann Wolfgang von Goethe).

Musik des Weltalls und Musik der Meister
Sind wir bereit in Ehrfurcht anzuhören,
Zu reiner Feier die verehrten Geister
Begnadeter Zeiten zu beschwören.
Wir lassen vom Geheimnis uns erheben
Der magischen Formelschrift, in deren Bann
Das Uferlose, Stürmende, das Leben
Zu klaren Gleichnissen gerann.

Sternbildern gleich ertönen sie kristallen,
In ihrem Dienst ward unserm Leben Sinn,
Und keiner kann aus ihren Kreisen fallen
Als nach der heiligen Mitte hin.

Hermann Hesse[13]

Adelard von Bath, ein bedeutender englischer Gelehrter aus dem 12. Jahrhundert, schildert, wie er zur Meditation die Stille aufsuchte. Da erschienen ihm zwei Geistgestalten: die Philokosmie, die ihn mit ihrem Gefolge zum Streben nach Reichtum, Macht, Ruhm und der Lust verführen wollte, und die Philosophie, umgeben von den sieben freien Künsten. Die Philosophie zeigte ihm, dass die Seele der Lichtwelt entstammt und dass die 7 freien Künste die Seele wieder in geistige Höhen zu erheben vermögen.

In den sieben freien Künsten kam der Musik eine Schlüsselrolle zu. Heinrich von Kleist betrachtete die Musik als die Wurzel aller übrigen Künste. Sie ist die Eigentliche und einzige Kunst, die von den Musen abstammt.

In all diesen Morgeneinheiten lese ich ein oder mehrere Gedichte vor. Die Lyrik steht in einer engen Beziehung zur Musik und zum Lied (= zur Lyra gesungenes Lied) und die symbolistische Poesie verwendet Metaphern und Symbole zur Übermittlung von Botschaften, die zum Nachdenken anregen. Ich bin einer Meinung mit Prof. Dr. V. Pfnür, dass Tanz mit Inhalten gefüllt werden muss, und sollte **eine Befreiung**

zu etwas, **nicht** nur **von** etwas sein. Hier ist die Einheit von Wort und Bewegung von großer Bedeutung. „Der Bildhälfte des Symbols Tanz muss eine mit Inhalten gefüllte Sinnhälfte gegenüberstehen.“

Musik: Atem der Statuen, vielleicht:
Stille der Bilder.
Du Sprache wo Sprachen enden
du Zeit, die senkrecht steht
auf der Richtung vergehender Herzen.
Gefühle zu wem? O du, der Gefühle
Wandlung in was ?: in hörbare Landschaft.
Du Fremde: Musik. Du uns entwachsener Herzraum.
Innigstes unser, das, uns übersteigend, hinausdrängt, –
heiliger Abschied: da uns das Innre umsteht
als geübteste Ferne, als andre Seite der Luft:
rein, riesig, nicht mehr bewohnbar.

Rainer Maria Rilke[14]

Die beglückendsten Momente sind für mich, wenn wir einen Kreis bilden und uns zu Beginn sowie auch nach einem Tanz zum Schluss die Hände reichen, die Augen schließen und miteinander für eine Weile schweigen, um alle Empfindungen, alles Erlebte nach- und ausklingen zu lassen.

Im Zustand des Schweigens
findet die Seele ihren Weg
in einem klareren Licht,
und alles Trügerische und alle Täuschung
lösen sich auf in kristallene Klarheit.
Unser Leben ist eine lange beschwerliche Suche
nach der Wahrheit,
und die Seele braucht innere Ruhe,
um zu ihrer vollen Größe zu gelangen.

Mahatma Gandhi[15]

Improvisationen aus dem Capreser Winter

Nun schließe deine Augen: dass wir nun
dies alles so verschließen dürfen
in unserer Dunkelheit, in unserm Ruhn,
(wie eine(r) der/dems gehört).
Bei Wünschen, bei Entwürfen,
bei Ungetanem, das wir einmal tun,
da irgendwo in uns ganz tief
ist nun auch dies; ist wie ein Brief,
den wir verschließen.

Lass die Augen zu. Da ist es nicht,
da ist jetzt nichts, als Nacht;
die Zimmernacht rings um ein kleines Licht,
(du kennst sie gut).
Doch in dir ist nun alles dies und wacht –
und trägt dein sanft verschlossenes Gesicht
wie eine Flut …

Und trägt nun dich. Und alles in dir trägt,
und du bist wie ein Rosenblatt gelegt
auf deine Seele, welche steigt.
Warum ist das so viel für uns: zu sehn?
Wen meinten wir, indem wir das begrüßten,
was vor uns dalag? …

Ja, was war es denn?

Schließ inniger die Augen und erkenn
es langsam wieder: Meer um Meer,
schwer von sich selbst, blau aus sich her
und leer am Rand, mit einem Grund aus Grün. [...]

Schließ, schließ fest die Augen.
War es dies?
Du weißt es kaum. Du kannst es schon nicht mehr
von deinem Innern trennen.
Himmel im Innern lässt sich schwer
erkennen.

Da geht das Herz und geht und sieht nicht her.

Und doch, du weißt, wir können also so
am Abend zugehen, wie die Anemonen,
Geschehen eines Tages in sich schließend,
und etwas größer morgens wieder aufgehn.
Und so zu tun, ist uns nicht nur erlaubt,
das ist es, was wir sollen: Zugehn lernen
über Unendlichem. [...]

Wir (aber) dürfen uns verschließen, fest
zuschließen und bei jenen dunkeln Dingen,
die längst schon in uns sind, noch einen Rest
von anderm Unfassbaren unterbringen,
wie eine(r), ders / dems gehört.

Rainer Maria Rilke[16]

Meditation des Tanzes

Die größte Kunst hat sich offenbart
Die größte Kunst des Lebens ist die Meditation
Meditation ist ein Zustand des ganzen Seins,
ist ein Zustand grenzenlosen Bewusstseins,
ist eine Dimension, die Liebe ist.
In Liebe zu leben ist Meditation
in Meditation zu leben heißt, sich in der Stille bewegen –
in der Stille sich zu bewegen heißt erwacht sein.

Vimala Thakar[17]

Mit der Meditation des Tanzes wurde eine tänzerische Form geschaffen, die Verehrung des Schönen, Meditation, Wissenschaft / Weisheit und ein Viertes in sich birgt: ein achtsames Miteinander.

Tanzen heißt vor allem
kommunizieren,
sich vereinigen, treffen,
zum anderen reden,
aus der Tiefe des eigenen Seins.

Tanz ist Vereinigung
von Mensch zu Mensch,
von Mensch zu All,
von Mensch zu Gott.

Maurice Béjart[18]

In allen Kulturen finden wir das symbolische Bild vom himmlischen Reigen im Paradies. Aus einer Urerfahrung weiß die Menschheit, dass es einst eine gottgewollte Harmonie zwischen Leib und Seele gab, nach der sich der Mensch immer wieder auf's Neue sehnt.

Betrachtet man die Bedeutung des Tanzes im Laufe der Jahrhunderte, so wird man unweigerlich entdecken, dass der Tanz in früheren Zeiten noch eng verbunden war mit kultisch-religiösen Inhalten und Bestandteil ritueller Zeremonien. Therese Berger, die sich mit den kult- und kulturhistorischen Aspekten des Tanzes näher befasst hat, schreibt hierzu: „Auf eine Formel gebracht, könnte man sagen: Am Anfang war der Tanz, und der Tanz war beim Kult, und der Tanz war Kult." (Vgl. Berger 1985, 9f) Die Griechen haben, so Hugo Rahner, in ihrer wundervoll bildlebendigen Sprache das Ausplaudern der Mysterien ihrer Kulte ein „exorcheisthai", ein „Austanzen" genannt.

(Tanz), Bild, Lied und Gedicht sind anders als die anderen Dinge... .
Sie sind nicht.
Sie werden jedes Mal wieder.
Darum geben sie die Freude, die unendliche.
Darum heben sie hinauf.
Sie heben uns – hoch – bis zu Gott.

Rainer Maria Rilke[19]

Beim Tanz in die (der) Stille, beim Tanz, aus der Stille geboren, können die Tanzenden den Einstieg in die Meditation finden und in die eigentliche innere Sammlung, denn „die Sehnsucht des Herzens strebt nach Erkenntnis des Göttlichen durch Meditation, nach unmittelbarem Erfassen der Wahrheit durch inneres Schauen und Einswerden der Seele mit dem Göttlichen." Wer „richtig" tanzt, den überkommt in dieser monotonen Bewegungsfolge, die man auch mit dem Beten eines Rosenkranzes vergleichen kann, eine ungeheure innere Ruhe und Ausgeglichenheit.

Wesentlich hat Tanz jedoch nur mit Meditation zu tun, wenn der Tanzende wahrhaft fähig ist, sich dem Augenblick hinzugeben, denn diese Hingabe und dieses Ergriffensein stellen gerade das meditative Element dar. Im Gegensatz zum intellektuellen Reflektieren und Analysieren soll das Meditationsobjekt durch ständiges Üben in der Seele bewegt werden.

Tanz ist wie die Musik ein Versuch, das Unsagbare zu sagen. Bei tiefen seelischen Vorgängen sind wir auf Symbole angewiesen, die Bewusstes und Unbewusstes, Vordergründiges und Hintergründiges, Weltliches und Göttliches verbinden. Symbole sind transparent und offenbaren einen tieferen Sinn. Wie Elias Canetti bin ich der Überzeugung, dass ein Weg zur Wirklichkeit über Bilder geht. Auch ich glaube nicht, dass es einen besseren Weg gibt. Wahrnehmung der Wirklichkeit anhand von Bildern und Symbolen ist ganzheitliche Wahrnehmung.

Die Symbolik der von mir choreographierten Mandalas und Kreistänze (der Kreis ist aus einer unendlichen Linie gebildet und gilt daher als Zeichen für Unendlichkeit) ist auch in der Struktur der zum Tanz erklingenden Musik wiederzufinden. Mit besonderer Sorgfalt wähle ich die Musikstücke aus. Häufig handelt es sich um klassische Weisen etwa von Bach, Vivaldi, Telemann, Beethoven, Haydn etc. Im Andante oder Adagio absolvieren die Tanzenden im Reigen einfache Schrittfolgen. Sie halten einander bei den Händen, suchen und fühlen die Gemeinsamkeit, die Gemeinschaft und lassen sich von Rhythmus und Melodie berühren.

Die gewählten Themen sind zum tanzenden Nachempfinden und Nachvollziehen. Wenn wir die Kreis- und Reigentänze als bewegte Spiegelbilder und Abbilder kosmischen Geschehens betrachten und als solche auch erleben, dann können wir mit Gregor von Nazianz sagen: „ein solcher Tanz ist das Mysterium eines Wandels vor Gott, der da ist schön in der Bewegung und reich in der Geste“.

Natürlich werden die SchülerInnen auch mit Schrittfolgen und Gebärden der unterschiedlichsten Tänze bekannt gemacht. Das klassische Training spielt hierbei eine bedeutende Rolle, und zwar im Hinblick auf Aufrichtung und die Ausrichtung. Der / dem Einzelnen wird bei dieser Beschäftigung eine wirkliche Auseinandersetzung mit sich selbst und seinem /ihrem „Instrument“, dem Körper, möglich. Dann erst beginnt man, sich selbst zu verstehen, und in die Antwort auf die Frage: „Woher komme ich, wohin gehe ich“ hineinzuwachsen. Es ist mir eine Herzensangelegenheit, die von B. Wosien initiierte und von mir weiter entwickelte „Meditation des Tanzes – Sacred Dance“ in die Welt zu tragen. Es erfüllt mich mit Dankbarkeit, dass ich aus vielen

Ländern Einladungen erhalte, um dort zu lehren und die Menschen für diese besondere Form des Tanzes zu begeistern.

Wer im Zeichen des Weges lebt,
zieht unweigerlich andere an,
die den Weg suchen.

K. Graf Dürckheim[20]

Tanzend beten – betend tanzen

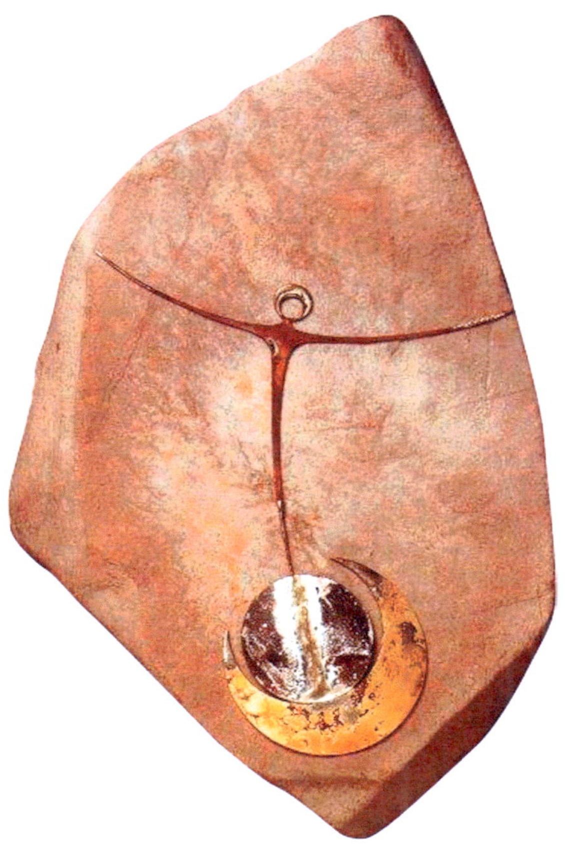

Jouas Boesch: Ikone „Der Seiltänzer“[21]

Am Gebet ist der ganze Mensch, sind Leib und Seele beteiligt. Es gibt kein rein inneres Gebet, immer nimmt es leibliche Gestalt an, z. B. eine hörbare im Gebetswort und Gebetsgesang, eine sichtbare durch die Gebärde und durch den Tanz.

Thomas Ohm[22]

Für mich war das abendliche Gebet ein Sprechen mit Gott. Ich vertraute mich ihm an mit einem Gedichtgebet von Louise Hensel (1798-1876). Auch die Gewissenserforschung war ein Teil des abendlichen Rituals. (... Hab ich Unrecht heut getan, sieh' es, lieber Gott, nicht an!) und die Sorge um meine Mitmenschen: „Alle, die mir sind verwandt, Gott, lass ruh'n in deiner Hand. Alle Menschen groß und klein, sollen dir befohlen sein. Kranken Herzen sende Ruh', nasse Augen schließe zu...".

Gebet für die Eltern: „Die Eltern mein empfehl' ich Dir, behüt' o lieber Gott sie mir. Vergilt o Herr, was ich nicht kann, das Gute, das sie mir getan. Und lasse auch die Schwester mein von Deiner Hand gesegnet sein. Amen."

Das Gebet ist ein aktives Sich-an-Gott-Wenden, ein Fragen, ein Danken. Wie Romano Guardini bin ich der Auffassung, dass Beten das letzte Wort des suchenden Menschen ist und dass dort der Menschenwille vom Gotteswillen berührt wird. Später erkannte ich, dass ich immer weniger zu erbitten und zu sagen hatte und dass es in mir immer stiller wurde. Bei der Meditation bedarf es keiner Worte mehr. Gott und Mensch kommen sich auf halbem Wege entgegen.

Du darfst nicht warten, bis Gott zu dir geht
und sagt: Ich bin.
Ein Gott, der seine Stärke eingesteht,
hat keinen Sinn.
Da musst Du wissen, dass dich Gott durchweht
seit Anbeginn,
und wenn dein Herz dir glüht und nichts verrät,
dann schafft er drin.

Rainer Maria Rilke[23]

Bei einem gemeinsamen Aufenthalt in Findhorn sagte B. Wosien in einem Vortrag über die „Sacred dances“: „Seit ältesten Zeiten ist der Mensch des neuen Zeitalters als ein betender Mensch mit Flügeln dargestellt worden. Heißt es doch: Die Furcht Gottes ist aller Weisheit Anfang (Psalm 111. 10). Das bedeutet: das Gebet ist die tiefste Weisheit, die erhabenste Kunst und die edelste Arbeit. [...] Diese drei Qualitäten, welche seit jeher dem Gebet zugesprochen werden, bestehen nicht jede unabhängig für sich. Ohne disziplinierte Arbeit schaffe ich keine Kunst, ohne Kunst erfahre ich nicht die Kunde der Weisheit.“[24]

Durch die ablehnende Haltung von offizieller Seite wurde der Tanz seines religiös-kultischen Charakters beraubt. Manche Kirchen christlicher Strömungen sind davon überzeugt, dass der Leib das Grab der Seele ist, und erkennen nicht, dass der Körper gleichsam ein Tempel ist, in dem die Begegnung mit der göttlichen Wirklichkeit stattfinden kann.

In seinem Buch „Theologie des Tanzes aus der Weisheit der Griechen und Christen“schreibt Hugo Rahner: „Und wenn auch die gestrenge Moral der Kirchenväter den Tanz aus den eigentlich sakralen Bereichen des kirchlichen Kultes langsam verdrängt hat: ist nicht die klassische Gebärde der Liturgie und der Prozessionen ein bis zur äußersten Vergeistigung gebrachter Tanz? Noch heute lebt dieser Geist eines sakralen Tanzmysteriums weiter, wenn in der Kathedrale von Sevilla die Knaben in Gruppen zu je sechs nach Gesetzen von uralt strenger Heiligkeit vor Gott ihren Tanz aufführen. Bis tief in das späte Mittelalter hinein hat man in französischen Kathedralen am Abend des Ostertages einen sakralen Tanz aufgeführt, der mit einem feierlich streng stilisierten Ballspiel verbunden war. Bischof und Klerus warfen sich im Chor der Kirche in heiligem Tanzschritt einen goldenen Ball zu, um symbolisch die siegreich aufgehende Ostersonne zu feiern.“[25]

In seinem Werk „Vom Heiligen in der Kunst“ entwarf Prof. Gerard van der Leeuw eine „theologische Ästhetik des Tanzes“. Im Kapitel „Der Tanz als Bewegung Gottes“ schreibt er: „Der Tanz wird kontemplativ und spiegelt die höchste Bewegung wider, die Bewegung Gottes. Das sprechendste Beispiel eines solchen Tanzes mystischer Kontemplation ist die Vorstellung vom tanzenden Christus. In den apokryphen Johannes-

Akten (Acta Ioannis), die auf das 3. Jahrhundert datiert werden, gibt es einen ersten Hinweis, dass Jesus mit seinen zwölf Jüngern einen Reigentanz ausführt. Es heißt dort: ‚Die Gnade tanzt. (…) Wer nicht tanzt, begreift nicht, was sich begibt.‘ “[26]

Nie hätte ich jedoch geglaubt, stärker noch, zu hoffen gewagt, dass jemand zu mir sagen würde, wie eines Tages Bernhard Wosien: „Unser Tanz soll unser Gebet sein, jedoch nicht nur im stillen Schreiten des Andante, sondern auch in den frohen Sprüngen des Allegro vivo. Dieses Tun verleiht uns die Flügel.“

Dadurch wurden zwei unvereinbar scheinende Seiten – Tanz und Religion – in mir zusammengefügt, gleichsam versöhnt, und ich habe erfahren dürfen, dass das Tanzgebet die rituelle Hinwendung an das Göttliche ist.

Es war eine glückliche Fügung, dass mir eine Bekannte eine Kassette mit Taizé-Liedern schenkte. Noch am gleichen Tag choreographierte ich das „Christusmonogramm“ zu dem Musiktitel „Bleibet hier und wachet mit mir“ und später die „Dornenkrone“ (Musik: J. Berthier).

Immer wieder inspirieren mich diese Mantren zu weiteren Tanzgebeten wie z. B. Amor Dei – Gott ist nur Liebe, Bei Gott bin ich geborgen, Ubi Caritas, Meine Hoffnung und meine Freude, Magnificat, Rosette, Cantate Dominum, Verbindungstanz – Onthechtingsdans, Pater Noster, Frieden, Frieden, Dona nobis pacem – Da pacem Domine, Ostermorgen, Alleluja, Surrexit, Within our darkest night, Pentecost, Licht des Herzens – Veni lumen cordium, Ruach – Veni Sancte Spiritus etc.

Als ich mich mit der Taizé-Gemeinschaft beschäftigte, berührte es mich sehr, dass Frère Roger einen Solidaritätsfond „Operation Hoffnung“ ins Leben gerufen hatte, um Initiativen der Menschen in Lateinamerika zu unterstützen und ihnen neue Hoffnung zu schenken. Auch er hat mehrere Male Favelas in verschiedenen lateinamerikanischen Ländern besucht.

Über das Gebet sagte er: „Das Gebet ist eine ungebrochene Macht, die im Menschen wirkt und ihn durchformt; sie lässt es nicht zu, dass er die Augen vor dem Bösen verschließt, vor den Kriegen, vor dem, was unschuldige Menschen auf der Erde bedroht. Im Gebet findet man Kraft, die Lebensbedingungen zu verändern und die Erde bewohnbar zu machen."

Weitere Übereinstimmungen gab es nicht, da Frère Roger dem Tanz nicht zugeneigt war.

Dorothee Sölle hat einmal ihre Gedanken über das Gebet folgendermaßen formuliert, die in ganz besonderer Weise auch auf das Tanzgebet zutreffen:

Man kann sagen, dass in jedem Gebet ein Engel auf uns wartet,
weil jedes Gebet den Betenden verändert,
ihn stärkt, indem es ihn sammelt
und zu der äußersten Aufmerksamkeit bringt,
die im Leiden uns abgezwungen wird
und die wir im Lieben selber geben.

Dorothee Sölle[27]

Méditation en croix

Der 3-Stufenweg

Die Positionslehre weiß vom Gesetz der Schönheit,
das die Griechen gesucht und gefunden haben.
Ich sage aber: MAN MUSS ES TUN!
Schritt um Schritt, Fuß um Fuß.

B. Wosien

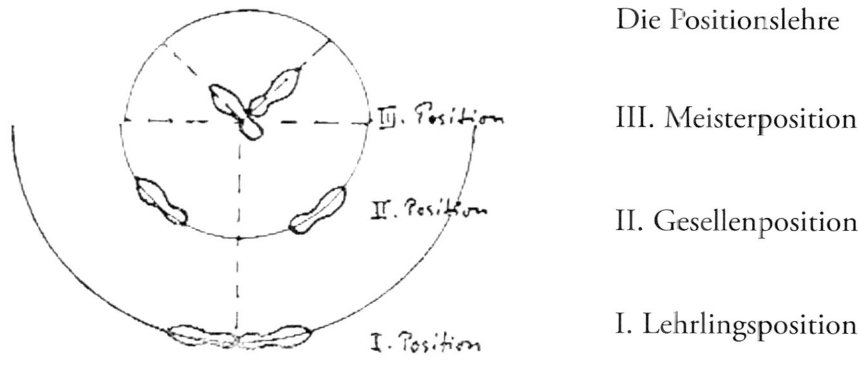

Zeichnung B. Wosien

(Im Klassischen Tanz gibt es 5 Positionen; die vierte ist eine Variation der zweiten und die fünfte eine Variation der dritten Position.)

Das klassische Exercice beruht auf dem Menschbild der Antike: Körper – Seele – Geist sind in Harmonie und wir sollten bewusst wieder zu dieser Einheit finden. Hier ist in einer seltenen, ungebrochenen Form ein praktisches Meistertraining, nicht nur ein theoretisches, überliefert; eine der ältesten Meditationen Europas. Der Tanzschüler / die Tanzelevin lernt, die Schritte, Sprünge, Bewegungsphasen und Positionen zu benennen und einzuordnen. Es ist ein sinnfälliger Weg, sich selbst kennenzulernen und sich zu erfahren, denn man wird zur ständigen Selbstkontrolle erzogen („Gnothi seauton" – altgriechisch „Erkenne dich selbst!" – ist eine vielzitierte Inschrift am Apollotempel von Delphi) und ist dauernd auf dem Prüfstand. Die ganze Positionslehre, die anderthalb Stunden, die man übt ist ein ständiger Dialog mit sich und seinem Körper. Das Idealbild des Tänzers ist es, in langem Training seinen Körper „sehend" zu machen.

B. Wosien betonte des öfteren, dass der Tänzer / die Tänzerin als Repräsentant eines prinzipiell unbegrenzten Bewusstseins in spezifischer Weise zu einem symbolischen Bild des Göttlichen, zu einer *Imago Dei* wird. Und *„wenn es sich trifft, dass in einem Lehrling ein Schimmer des Glanzes (d.h. der Einweihung im antiken Sinne) wie im Spiegel einer geheimnisvollen Rückerinnerung aufleuchtet, dann wird er / sie bald spüren, dass man hier einen 3 Stufenweg der Bewusstseinsschulung durchläuft.*" (B. Wosien – Auszug aus einem Vortrag in DEMIAN – Instituut in beweging 1984)

Nach pythagoräischem Verständnis ist mit diesen drei Stufen, die sowohl in der Musik wie beim klassischen Tanz durchschritten sein müssen, nicht nur eine Schulung des Bewusstseins sondern ein Weg der Menschwerdung vorgezeichnet. Diese echte alte Stufenordnung appelliert an den homo religiosus in uns. Die Hohe Schule des klassischen Tanzes ist eine durch die Zeiten hindurch getragene pädagogische Einweihung des antiken Gymnasions. Diese Einweihung nimmt den Menschen als Bild des Kreuzes zum Grundsymbol. Sie gibt ihm die Schliffe, durch welche der in ihm verborgene Edelstein geschliffen und zum Leuchten gebracht wird.

– Eine Schule kann natürlich auch zum Ziel haben, ausschließlich konkretes (rationales) Wissen zu vermitteln, alles Aufschreibbare, Schritte, Übungen etc. Das klassische Training stellt jedoch eine Übertragung geistiger Disziplin auf den Körper dar. Die geistige Zielsetzung im Tanz erfordert vom Tänzer, der Tänzerin, der/die sich nach der Einswerdung mit seinem göttlichen Ursprung sehnt: tägliches Training, Hingabe und das Annehmen von Schmerzen. –

Mit der hohen Schule des klassischen Tanzes ist ein objektives System benannt und gelebt worden. Objektiv heißt: für alle verständlich und benennbar, rational durchdenkbar und ausführbar. Tanz lässt erst dann den persönlichen Gefühlsbereich – das Individuelle – zu, wenn einmal eine objektive Grundlage da ist und man schon alles verinnerlicht hat. Man hat gelernt, welche Haltung man einnehmen, welche Position man beziehen muss. Das gilt auch übertragen aufs Leben. Wenn man sich keine eigene Meinung gebildet hat, fehlt es an Bildung. Man muss einen Standpunkt im Leben beziehen, den man nachher, wenn man herausgefordert wird, vertreten bzw. verteidigen kann z. B. als Tanzleiter / Tanzleiterin oder Erzieher / Erzieherin.

Das bedeutet also, ich muss mich erst einem System unterstellen. Wesentlich ist hierbei, dass man sich Zeit lassen und Geduld haben muss. Das ist dann das, was man Schulung nennt.

Die erste Position ist die Position des Lehrlings,
der einen Weg gehen will. Es ist der Weg
vom Glauben zum Erkennen.

B. Wosien

In der ersten, der **Ausgangs-Position**, stellt man die Fersen aneinander und öffnet die Fußspitzen (s. Arbeitstafel). Auf der psychologischen Ebene geht es bei dieser Ausgangsstellung um die Befreiung von den Eltern, um den freiwilligen Entschluss, sich von dem Erhaltenwerden zu lösen.

In dieser Phase bemüht sich der Schüler um Disziplin, und zwar nicht – kindhaft – seinem Lehrer zuliebe sondern im Zuge der Eigenständigkeit um seiner selbst willen. Indem der Mensch sich äußerlich aufrichtet und innerlich erhebt, entdeckt er die Senkrechte als die Zeitachse – sie ist ihm Sinnbild für das Werden und Wachsen.

Der Tanzeleve braucht 3 Jahre, um wirklich aufrecht zu stehen, jedoch meist sehr viel länger, um auch im Leben einen Standpunkt einzunehmen und Stellung zu beziehen. Er erfährt das Ausgespanntsein zwischen Himmel und Erde, die Spannung zwischen seiner irdischen und geistigen Herkunft. In dieser Position erforscht der Mensch seinen

Eigen-Raum, er lernt seine eigenen Grenzen kennen und lernt, sie anzunehmen. In dem Maße, wie der Lehrling seine Gaben und die daraus erwachsenden Aufgaben erkennt, entwickelt er Selbst-Erkenntnis, Selbstbewusstsein.

– In der ersten Phase erweisen sich die vielen Vorschriften und Begrenzungen als Voraussetzung, den Schlüssel zur Befreiung in die Hand zu bekommen. („Freiheit ist die Einsicht in die Notwendigkeit." J. W. Goethe) In dieser Phase stellt sich dem Menschen die Sinn-Frage.

– Dabei ist darauf zu achten, dass die Sinn-Frage „Woher komme ich, wohin führt mein Weg?" nicht mit der Zweckfrage bzw. der Frage nach dem Nutzen verwechselt wird: „Was bringt mir das?" oder „Rechnet sich das?".

Aus der ersten Position führt ein Schritt in die zweite, die **Gesellen-Position**, die die Raumachse symbolisiert. Der Tänzer stellt seine Füße ca. 30 cm auseinander (s. Arbeitstafel). Er tritt ein in den Kreis. Psychologisch gesehen gesellt er sich zu anderen Menschen, denn auf dieser Stufe steht die Entwicklung des sozialen Bewusstseins zentral. Er öffnet sich, breitet seine Arme von der Herzmitte seitwärts aus und verbindet sich mit seinen Nachbarn. So entsteht ein geschlossener Kreis, in dem jeder empfängt und zugleich gibt.

Das wäre der Idealfall! Häufig ist jedoch zu beobachten, dass Menschen in den Gruppen, bei den Kreistänzen einer regressiven Suche nach der Hand oder der Brust der Mutter verfallen (= Gefühl der Geborgenheit, der Euphorie: ich werde geliebt, umsorgt, beschützt, bewundert), oder der Sehnsucht nach väterlicher Strenge, der Autorität, nachgeben, die lobt und tadelt. Aufgabe dieser zweiten Phase ist es, – zerstörerische – Selbstkritik und Selbstmitleid zu überwinden und jedes Problem, jede Krankheit in eine Gelegenheit zur Bewährung zu verwandeln.

Der Kreis hebt jede Hierarchie auf, da ein jeder zur Mitte ausgerichtet ist, den gleichen Abstand zur Mitte hat. Menschen, die ein Bewusstsein ihrer selbst als Einzelwesen entwickelt und einen individuellen Lernprozess durchstanden haben, erkennen, dass ihr Gegenüber nicht ihr Gegner sondern nur der Gegenpol ist. Außerdem gilt es zu erkennen und zu akzeptieren, dass eine jede / ein jeder von uns – auch in ihrer / seiner Biographie – an einer anderen Stelle steht, anders denkt, anders empfindet. Der Geselle muss sich immer neuen Situationen aussetzen, sein Verhalten in anderen Umständen erforschen und ergründen, ob sich das Erlernte in der Anwendung bewährt und bewahrheitet. – Im Mittelalter galt diese Stufe für alle Stände: neun Jahre zogen die Handwerksgesellen von Meister zu Meister, die Ritter traten in den Dienst immer anderer Fürsten und die Priesternovizen erlegten sich immer neue Prüfungen auf. – Gesellig sein heißt, andere als gleichwertig und gleichberechtigt anzuerkennen und die Mitmenschlichkeit höher zu achten als den materiellen Erfolg.

Bei der **3. Position** sind die Füße rechtwinklig geöffnet. Der Körper beschreibt eine Spiraldrehung (= epaulement) des Schultergürtels gegen das Becken. Die 3. Stufe symbolisiert die Bewusstseinsposition des Meisters. Er erkennt und anerkennt die raum-zeitlichen Gesetze der Welt: Statik und Dynamik, Ruhe und Bewegung. In der Mitte der Windrose stehend, dort wo sich das statische und dynamische Kreuz begegnen, offenbart sich der Ur-Raum, der kosmische Raum und unendliches Bewusstsein.

Der Lehrling, stehend in der Achse der Zeit, ist auf dem Weg, sich auf den Weg zu machen. Er wird sich das Wissen der 1. Position aneignen und das „en dehors" (= Herausgehen aus der Verschlossenheit und dem In-Sich-Gekehrtsein) erarbeiten. Er öffnet sich – Wahrheit suchend – zum Licht. Auf der 2. Stufe bedarf es des Bewusstseins des „Stirb und Werde". Hiermit ist der Weg vom Aufgeben des Ichs bis zur Selbstfindung und der Weg zum Du vorgezeichnet. Auf der 3. Stufe ist zur Gewissheit geworden, dass nur die wahre Selbsterkenntnis zur Gotteserkenntnis führt.

Der Meister hat die Stufenleiter verlassen und die Ebene des geistigen Weges betreten, der kein Ziel hat, sondern dessen Sinn im Beschreiten liegt, der keine Geschichte – Vergangenheit und Zukunft – mehr hat. Der Meister fällt seine Entscheidungen aus dem göttlichen Ursprung und der Liebe.

Auf diesem Weg kann man u. a. lernen, mit dem Kopf zu fühlen, mit dem Herzen zu denken und aus dem Geist zu leben.

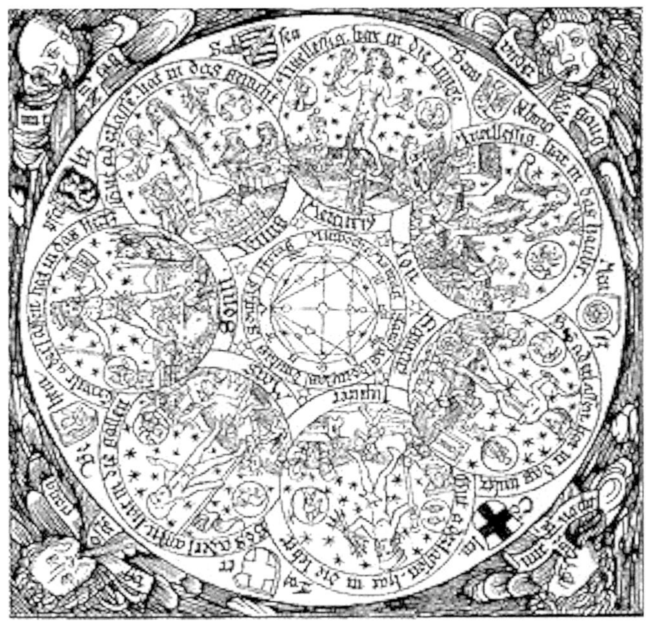

Sieben Planeten des Ptolomäus und ihre Beziehung zu den sieben Tagen der Woche. Holzschnitt aus dem 15. Jahrhundert. (www. wikimedia.com)

Schau zu den Sternen

Klassisches Training im Zusammenhang mit den Planeten

von Saskia Kloke[28]

Sieh, beim ersten Blick möchte man meinen,
die Tiefe sei dort, wo es am dunkelsten ist,
aber gleich nimmt man wahr,
dass dieses Dunkle und Weiche nur die Wolken sind
und dass der Weltraum mit seiner Tiefe
erst an den Rändern und Fjorden
dieser Wolkengebirge beginnt und ins Unendliche sinkt,
darin die Sterne stehen,
feierlich und für uns Menschen
höchste Sinnbilder der Klarheit und Ordnung.

Hermann Hesse[29]

Bernhard Wosien war wiederholt als Gastdozent in dem von F. Kloke-Eibl gegründeten Institut DEMIAN – Instituut in Beweging – zu Besuch. Ich lernte ihn als Tänzer, Tanzlehrer und auch im privaten Bereich kennen. Ich erinnere mich vor allem an sein überschwängliches Reden, und beobachtete, wie meine Mutter ihm fasziniert zuhörte. Auf mich als Kind machten seine Geschichten jedoch keinen besonderen Eindruck. Dies lag vielleicht daran, dass er sehr schnell sprach und Deutsch nicht meine Muttersprache ist, obwohl meine Mutter aus Deutschland stammt. Hin und wieder durfte ich an seiner „Einstimmung“, einem eineinhalbstündigen klassischen Training teilnehmen. Wenn er eine ganze Woche – oder was häufiger der Fall war, mehrere Wochen – bei uns blieb, unterrichtete er nach der russischen Tradition. So übte er mit uns:

Montag (Mond)
Treffwörter: Gefühle, Emotionen, Intuition
An der Barre langsame développés und au milieu Pavanen, Sarabanden, Menuette usw. Die Musik war romantisch. Er wählte vor allem Adagios, Andantes und Graves.

Dienstag (Mars)
Treffwörter: Mut, Initiative, Dynamik
An diesem Tag standen Koordinationsübungen zentral. Wosien nannte dies: sich dem gesamten Menschen zuwenden.

Mittwoch (Merkur)
Treffwörter: Schnelligkeit, Kommunikation, Vielseitigkeit. Die Kombination sehr schneller und kleiner Schritte wie Jeté – Jeté – Assemblé

Donnerstag (Jupiter)
Treffwörter: Begeisterung, Risiko, Enthusiasmus
Battu (Battements)
Übungen, die mit der vertikalen Achse zu tun hatten (jedoch keine Kapriolen, da bei diesen schräg gesprungen wird)

Freitag (Venus)
Treffwörter: Schönheit, Harmonie, Liebe
Partnerübungen (pas de deux) = principium conjugationes

Samstag (Saturn)
Treffwörter: Begrenzung, Struktur, Kontrolle
Einstudieren eines Tanzes / einer Choreographie Zusammenfassung der wöchentlichen Arbeit

Sonntag (Sonne)
Aufführung

Obwohl ich zu der damaligen Zeit nicht alles richtig einordnen konnte, bemerkte ich hinsichtlich der Unterrichtsmethode deutliche Unterschiede zwischen meiner Ballettlehrerin, die wenig sprach und von uns absolute Stille und Konzentration erwartete, und Wosien. Er sprach ziemlich viel und gab während des Trainings viele Hintergrundinformationen z. B. aus den ägyptischen Mysterien.

Horchet in euch selbst und blickt in die Unendlichkeit des Raumes
und der Zeit. Von da erklingt der Gesang der Sterne,
die Sprache der Zahlen, die Harmonie der Sphären.
Jede Sonne ist ein Gedanke Gottes und jeder Planet eine Form
dieses Gedankens. Um die Erkenntnis des Göttlichen Gedankens
zu erlangen, o Seelen, steigt ihr mühsam hinab und herauf,
den Weg der sieben Planeten
und ihrer sieben Himmel.
Was tun die Sterne?
Was sagen die Zahlen?
Was offenbaren die Sphären?
O, ihr verlorenen oder geretteten Seelen!
Sie sagen, sie singen, sie offenbaren euer Schicksal!

Fragment nach Hermes[30]

Wenn wir zu zweit waren. während meine Mutter unterrichtete – und das passierte ziemlich oft – war er mir sehr zugewandt. Ich glaube auch, dass hier mein Interesse für die Astrologie herrührt.

Faszinierend fand ich (als Waldorfschülerin) vor allem, dass er eine Beziehung zwischen den Tierkreiszeichen und der griechischen Mythologie herstellte. Selbstredend wird mir vieles erst heute so recht bewusst. Er gab mir nicht nur Anweisungen, sondern er ermutigte mich auch, weiter zu tanzen und zu trainieren. Es war be- und rührend (anders kann ich es nicht ausdrücken), dass ein in meinen Augen uralter Mann noch ganz Feuer und Flamme für den Tanz war.

♈ **Widder**
Herrscher: Mars (Ares)Mythos: Chrysomallos
Der Sturz von Helle und das Opfern des Widders

♉ **Stier**
Herrscherin: Venus (Aphrodite)
Mythos: Theseus im Labyrinth / Theseus und der Minotaurus

♊ **Zwillinge**
Herrscher: Merkur (Hermes)
Mythos: Kastor und Pollux

♋ **Krebs**
Herrscher: Mond (Selene)
Mythos: Herakles besiegt die Hydra

♌ **Löwe**
Herrscherin: die Sonne (Apollo)
Mythos: Herakles. Kampf mit dem Löwen Nemea

♍ **Jungfrau**
Herrscher: Merkur (Hermes)
Mythos: Demeter und ihre Tochter Persephone

♎ **Waage**
Herrscherin: Venus (Aphrodite)
Mythos: Fahrt zum Hades

♏ **Skorpion**
Herrscher: Pluto
Mythos: Orion und Diana

♐ **Schütze**
Herrscher: Jupiter (Zeus)
Mythos: Herakles und Pholos

♑ **Steinbock**
Herrscher: Saturn (Kronos)
Mythos: Der Ziegenfisch Aegocerus

♒ **Wassermann**
Herrscher: Uranus
Mythos: Ganymedes, Schenker des Nektars

♓ **Fische**
Herrscher: Neptun
Mythos: Typhon verfolgt Eros und Aphrodite

In Erinnerung geblieben sind mir Wosiens Worte: „Saskia, das grelle Tageslicht zeigt dir die Begrenzungen; im Dunkeln siehst Du in die Unendlichkeit. Also: Schau auf zu den Sternen!“

Der Blick in den Sternenhimmel eröffnet dir
die Tiefe der Welt und ihrer Geheimnisse.
Weise die Gedanken oder Träume nicht ab,
die dir dabei etwa kommen.

nach H. Hesse[31]

Kreuzweg – Auferstehungsweg im Zusammenhang mit der méditation en croix

Romano Guardini bezeichnet den Kreuzweg Jesu als eine Schule der Überwindung. Auch wir sollten lernen, mit unserem Schicksal Ähnliches zu vollbringen. „Wer mein Jünger sein will, der verleugne sich selbst, nehme täglich sein Kreuz auf sich und folge mir nach. (Lk 9,23)

Der einsame Christus:
1. Jesus wir zum Tode verurteilt
2. Jesus nimmt das Kreuz auf seine Schultern
3. Er fällt zum ersten Mal unter dem Kreuz*
4. Begegnung mit seiner Mutter*

Begegnungen auf dem Weg:
5. Simon von Cyrene hilft Jesus, das Kreuz zu tragen
6. Veronika reicht Jesus das Schweißtuch*
7. Jesus fällt zum zweiten Mal unter dem Kreuz
8. Begegnung mit den weinenden Frauen

Vollendung:
9. Jesus fällt zum dritten Mal unter dem Kreuz
10. alles wird ihm genommen
11. Jesus wird ans Kreuz genagelt
12. „Es ist vollbracht“
13. Station: Kreuzesabnahme
14. Station: Grablegung

Nach meiner Auffassung stellen die 12 (14) Stationen einen 3-Stufenweg dar. In den ersten vier Stationen sehe ich Parallelen zur 1. Position, bei den Stationen 5-8 zur zweiten und bei den Stationen 9-12 zur 3. Position.

* Wird nicht in der Bibel erwähnt.

Ich glaube nicht daran, dass im Leben die Umstände entscheiden. Im Gegenteil: Die Umstände sind immer der neue Kreuzweg, an dem unser Charakter, unsere innere Einstellung entscheidet.

Der einsame Christus (Titel eines Gedichtes von Christian Morgenstern) akzeptiert seine Verurteilung und ist bereit, sein Kreuz zu tragen im Wissen um seine Bestimmung **(1. und 2. Station)**. Er ist nicht Schlachtopfer, nicht in einer Opfer-"Rolle" sondern er nimmt sein Schicksal bereitwillig an. Dennoch wird ihm der Weg schwer. Er bricht zusammen unter der Last des Kreuzes **(3. Station)**, richtet sich aber aus eigener Kraft wieder auf. Auf unser Leben bezogen: wir dürfen uns eingestehen und zugestehen, dass manches Schwere unsere Kraft übersteigen kann und wir unter der Last zusammenbrechen können. Wir sollten jedoch darauf vertrauen, dass wir uns auch wieder aufrichten können.

Bei der **4. Station** begegnet Jesus seiner Mutter und nimmt Abschied von ihr. (Die vier ist die Zahl des Irdischen, der Materie, materia – mater, Ursprung, Mutter) – In den Einweihungsstätten wurde gefordert, Vater und Mutter zu verlassen Das beruhte auf der Einsicht, dass man sich von seinen Eltern lösen muss, um frei von Projektionen zu sein.

Die zweite Phase **(Station 5 – 8)** ist gekennzeichnet durch Begegnungen. Simon von Cyrene hilft (5. Station), wenn auch nicht ganz freiwillig, Jesus beim Tragen des Kreuzes.

Und dann bei der **6. Station** „sehen wir Jesus in göttlicher Herzensfreiheit den armen Dienst der Veronika würdigen und belohnen.“ (R. Guardini) Sie reicht ihm ein Tuch. Er trocknet sein Antlitz und wie er es zurückgibt, trägt es seine Züge.

Auch hier ziehe ich wieder die Parallele zu unserem Leben: Wie oft werden wir beschenkt, auch uns reicht man häufig die Hand, aber sind wir immer bereit, Hilfe vorbehaltlos anzunehmen? (z. B.: also gut: Astern sind zwar schön, aber Rosen wären mir lieber gewesen! – Sicher, ich gebe ja zu, dass Lisa mir geholfen hat, aber Peter hat sich nicht blicken lassen! etc.)

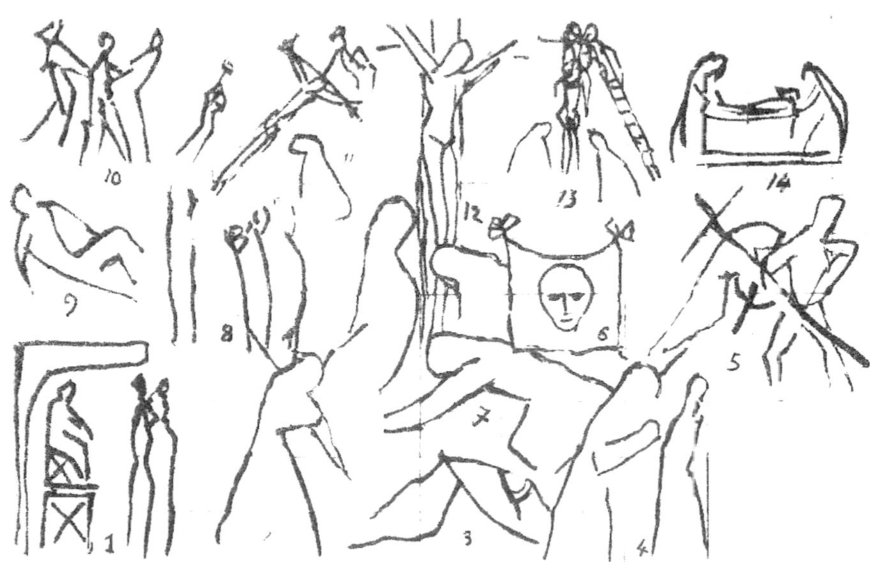

Henri Matisse (Innenrückseite der Rosenkranz-Kapelle in Vence)[32]

Bei der **7. Station** fällt Jesus vor Erschöpfung zum zweiten Mal, aber er weist das Wehklagen und Jammern der Frauen, die den Weg säumen, zurück. Er ist fern von jedem Selbstmitleid: „Weint nicht über mich, sondern über Euch und Eure Kinder."

Wir suchen in schwierigen Lebenslagen häufig Leidensgenossen. Von ihnen kann man jedoch keine Hilfe erwarten. Was uns nottut in solchen Situationen sind Menschen mit Mitgefühl.

Die dritte Stufe, die Phase der Vollendung beginnt damit, dass Jesus zum drittenmal fällt **(9. Station)**. Sein äußerer Weg, das Kreuztragen, ist damit beendet. **(10. Station)** Man beraubt ihn seiner Kleider – alles wird ihm genommen. Und diesmal steht er nicht wieder auf; man nagelt ihn fest **(11. Station)**. Das Kreuz wird aufgerichtet; er selbst wird zum Kreuz. Ecce homo – siehe den Menschen.

In dieser völligen Bewegungslosigkeit **(12. Station)** vollbringt er das Höchste, die Einswerdung:

Vater, in deine Hände lege ich meinen Geist.

In den vier Evangelien des Neuen Testaments werden hier die **Sieben letzten Worte Jesu*** überliefert, denen man vor allem in der katholischen Kirche als letzte Botschaft Jesu besondere Bedeutung beimisst.

Die sieben letzten Worte Jesu am Kreuz
(ganz wunderbar vertont von Joseph Haydn und Heinrich Schütz):

1. Vater vergib ihnen, denn sie wissen nicht, was sie tun
(Lk 23,34)

2. Wahrlich, ich sage dir: Heute wirst du mit mir im Paradiese sein
(Lk 23,43)

3. Jesus sagte zu seiner Mutter: Frau, siehe da deinen Sohn.
Dann sagte er zu dem Jünger: Siehe da, deine Mutter
(Joh 19,26)

4. Mein Gott, mein Gott, warum hast du mich verlassen?
(Mk 15,34 / Mt 27/46)

5. Mich dürstet

6. Es ist vollbracht (Joh 19,30)

7. Vater, in deine Hände lege ich meinen Geist (LK 23,46)

Die Siebenzahl ist ein klassisches Motiv der christlichen Zahlensymbolik. Die Kirche kennt darüber hinaus sieben Tugenden, sieben Todsünden, sieben Werke der Barmherzigkeit und sieben Sakramente etc.

Auch der christliche Einweihungsweg umfasst sieben Stufen: Fußwaschung, Geißelung, Dornenkrönung, Kreuzigung, Mystischer Tod, Auferstehung, Himmelfahrt.

---

* Die letzten Worte Jesu am Kreuz unterscheiden sich in den einzelnen Evangelien: Im Markusevangelium ruft Jesus „Mein Gott, mein Gott, warum hast du mich verlassen?“ Mk 15,34 EU) und im Lukasevangelium heißt es „Vater, in deine Hände lege ich meinen Geist“ (Lk 23,46 EU). Die letzten Worte Jesu im Johannesevangelium lauten: „Es ist vollbracht!“ (Joh 19,30 EU).

Der Hymnus Christi
Offenbarung des Kreuzgeheimnisses

Akten des Johannes aus den Apokryphen zum Neuen Testamen

Im Zusammenhang mit der Kreuzmeditation und den Kreistänzen ist für mich die Jesus-Hymne / der Reigen Jesu aus den Johannesakten von weitreichender Bedeutung. (Dieses Mysterienspiel, wie B. Wosien es nannte, wurde von ihm choreographiert und von mir neubearbeitet) Dort wird geschildert, wie Jesus alle Jünger um sich versammelte und sprach: „Bevor ich jenen preisgegeben werde, wollen wir dem Vater lobsingen und dann hinausgehen zu dem, was bevorsteht. Er befahl uns nun, einen Kreis zu bilden, indem wir einander bei den Händen hielten, trat selber in die Mitte und sagte: „Respondiert mir mit Amen!" Er begann also einen Hymnus zu singen (wir umkreisten ihn und respondierten ihm mit Amen) und zu sagen:

Die Gnade tanzt

12 Flöten will ich, tanzet alle. Amen
13 Ein Klagelied anheben will ich,
die Trauergebärde vollführt. Amen
14 (Die) eine Achtheit lobsingt mit uns. Amen
15 Die zwölfte Zahl tanzt oben. Amen
16 Dem All zu gehört der Tanzende. Amen
17 Wer nicht tanzt, begreift nicht, was sich begibt. Amen

Wenn Du Folge leistest meinem Reigen – sieh dich selbst in mir, dem Redenden und wenn du gesehen hast, was ich tue, schweige über meine Mysterien. Der Du tanzt, erkenne...

Die Jesus Hymne ist uns in Fragmenten zugekommen. Doch die noch fehlenden Teile sind gefunden und das Puzzle zusammengefügt worden, sodass wir diese Hymne als Ganzes vor uns haben. (Johannes der Grieche schrieb die Hymne).

Der Text scheidet sich in zwei Teile, der erste Teil geht von Vers 1-28, der zweite Teil von Vers 28 bis zum Schluss. Aus dem Inhalt der Verse wird deutlich, weshalb diese Zweiteilung gemacht wurde. Wenn wir die Zahlen betrachten, 1-28, so teilen sich diese in 3 x 8 + 4 auf. Unsere Tradition kommt aus einer Zeit, in der Zahlen eine symbolische Bedeutung hatten, sie wurden nicht zufällig gewählt. Die Zahl 28 symbolisiert den Umlauf des Planeten Saturn um den Zodiac; drei mal 8 und 4. Vier ist die Hälfte von acht und acht ist die der Gottheit der Zeit geweihte Zahl (Chronos / Saturn).

Nach Vers 28 folgt das Lehren als Einweihung in die Mysterien. Im ersten Teil spricht Christus von sich selbst, nachdem er anfangs dankte (2. „Ehre sei dem Vater"), sagte er „ich bin" oder „ich werde tun" oder „ich habe", so ist er ab Vers 28 mit den Zuhörern, den Aposteln, verbunden. Erst gegen Ende beschließt er mit „Ehre sei Dir…".

Das Motiv des tanzenden Christus taucht häufig in verschiedenen Werken der Kunstgeschichte auf. Das kontemplative Tanzspiel zu spielen, heißt, Christus, dem heiligen Vortänzer, nachzufolgen. Von Hippolyt ist folgender Ausspruch bekannt: „Erst in der Schau Gottes, wo der Logos der „heilige Vortänzer im Reigen" ist, wird sich der Erlöste in die gelösten Rhythmen der Wahrheit einfügen."

Viele Kunsthistoriker und Archäologen waren übrigens sehr erstaunt, keinen einzigen Tempel auf der Insel Kreta zu finden. Der Grund dafür ist, dass die Menschen dort damals keine Tempel gebaut haben, weil sie selbst in ihren Tänzen den Tempel darstellten, und wenn der Tanz zu Ende war, war auch der Tempel nicht mehr da. Sie hatten die Weisheit und die Einsicht, dass alles vergänglich ist, und dass in der Zeit die Dinge zerstört werden, weshalb sollte dann das Bauen einen wichtigen Platz einnehmen?

Der Hymne folgt ein außerordentlich schöner Text von Johannes, genannt die „Offenbarung des Kreuzmysteriums". Christus selbst erschien nach seinem Tod seinem Lieblingsjünger, verwandelt in ein Wesen aus reinem Licht und Klang.

Offenbarung des Kreuzgeheimnisses: der KREIS

„Nachdem der Herr, Geliebte, so mit uns getanzt hatte, ging er fort. Und es stand mein Herr mitten in der Höhle und erhellte sie und sagte: „Johannes, für die Menschen unten werde ich in Jerusalem gekreuzigt, mit Dir aber rede ich! Ich habe es dir eingegeben, auf diesen Berg zu gehen, damit du hörst, was ein Jünger vom Meister lernen muss und ein Mensch von Gott."

„Und da er das gesagt hatte, zeigte er mir ein festgemachtes LICHT-KREUZ, und um das Kreuz herum eine große Volksmenge. Den Herrn selbst aber sah ich oben auf dem Kreuz, und er hatte keine Gestalt, sondern nur eine Stimme, doch nicht die uns gewohnte Stimme, sondern eine liebliche und gütige und wahrhaft Gott (gehörige), die sprach zu mir:

„Johannes, einer muss von mir dies hören; denn eines bedarf ich, der hören soll. Dieses Lichtkreuz wird von mir euretwegen bald Logos genannt, bald Vernunft, bald Jesus, bald Christus, bald Tür, bald Weg, bald Brot, bald Same, bald Auferstehung, bald Sohn, bald Vater, bald Ruach, bald Weisheit, bald Leben, bald Wahrheit, bald Glaube, bald Gnade – und so heißt es für Menschen."[33]

Aus dieser Sicht kann man den Kreis als die Offenbarung des Kreuzgeheimnisses erkennen: Die Vielfalt in der Einheit, die Manifestation des All-Einen, des All-Einenden.

Lichtgebet

im Kreis mit 2. Position, choreographiert von B. Wosien.
Bevor wir im Lichte leben können, sollten wir wach werden für das innere Licht. Außen sind Zwielicht und Zwiespalt, Schatten und Dunkelheit.

Innen ist Licht und in diesem Licht offenbaren sich
Einhelligkeit und Einklang, wo vorher
Misshelligkeit und Missklang zu herrschen schienen.
Mit dem Lichtmittelpunkt allen Seins eins zu sein,
ist aller Wesen Entfaltungs- und Vollendungsziel und Lebenssinn.

B. Wosien

Bei diesem Tanz reichen wir einander die Hände und tanzen in vier mal drei Schritten (tief hoch hoch) in Tanzrichtung, der Sonne entgegen. Dann wenden wir uns zur Mitte, stehen in der 2. Position, erheben die Arme, uns zum Licht öffnend zu einer Gebetshaltung (in 4 mal drei Zeiten) bzw. bilden die Krone und senken die Arme (in 4 mal drei Zeiten). Wir wiederholen diesen Teil mitsonnen (oder in TR). Mit 4 mal drei Schritten tanzen wir zur Mitte, wiederholen das Ganze rückwärts und erheben und senken unsere Arme.

Bernhard Wosien zitierte des Öfteren zu diesem Tanz aus den Offenbarungen 2,10 „so will ich dir die Krone des Lebens geben“ sowie Verse aus dem Hohelied der Barmherzigkeit Gottes (Psalm 103).

Es ist sicher, dass das im Neuen Testament so oft erwähnte Bild der KRONE (la couronne) aus uralten Mysterien-Vergangenheiten stammt. Wenn Paulus sagt: „Meine Freude und meine Krone besteht also in dem Herrn“ (Phil. 4,1), so ist das eine fast wörtliche Entsprechung zu den Worten des Mithras-Gläubigen bei der 4. Weihe:. „Die Krone der Ehren“ (1. Petr. 5,4) „die Krone der Gerechtigkeit“ (2. Tim. 4, 8), „die Krone des Ruhms“ (1. Thess. 2,19), die Krone des Lebens“ (Jak. 1,12 und Off. 2,10). All das sind nicht nur poetische Worte sondern exakte Myterienbegriffe, die auch im Christentum beheimatet sind.

Lichtkreuz

1. und 3. Position

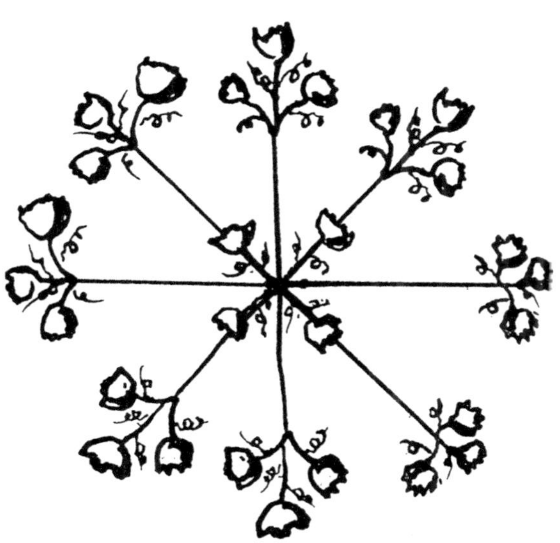

Choreographie:	Friedel Kloke-Eibl
Ausgangsstellung:	4 Paare im Innenkreis
Handhaltung:	durchgefasst, V-Haltung bei der Intro langsam die Arme gestreckt nach vorn anheben

Statisches Kreuz

1. Position

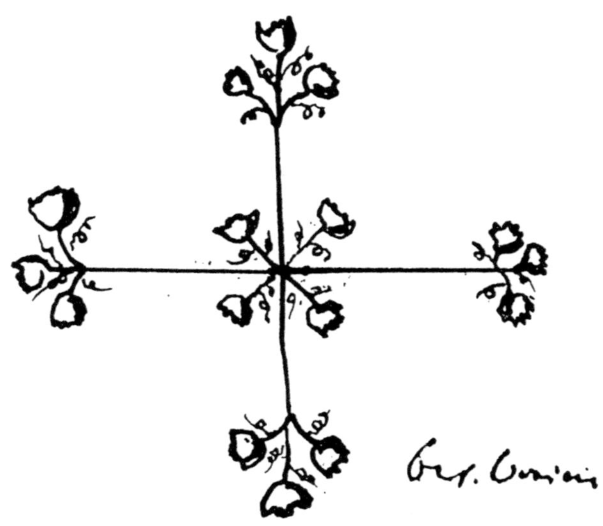

Takt	Zählzeit	
		rechte Tänzerinnen / Tänzer
1	1 - 3	mit einem Dreierschritt rückwärts, rechter Fuß beginnt *Handinneres nach oben geöffnet –* *das Kreuz verlängern*
	4 - 6	linker Fuß schließt in die 1. Position *Arme in die 2. Position*
2	1 - 6	zwei Dreierschritte auf der Kreislinie, rechts beginnt
3	1 - 3	mit einem Dreierschritt zur Mitte *Arme nach unten führen = 1. Position*
	4 - 6	linker Fuß schließt an = 1. Position *durchfassen und Arme gestreckt nach vorn anheben*

Dynamisches Kreuz

3. Position

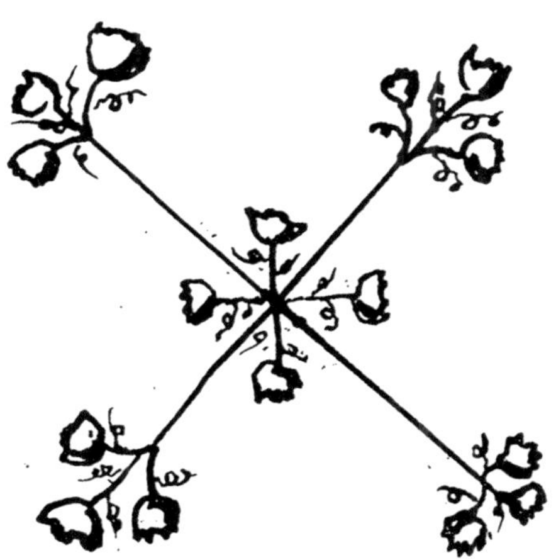

Takt	Zählzeit	
		linke Tänzer / Tänzerinnen
1	1 - 3	mit einem Dreierschritt rückwärts, linker Fuß beginnt *Handinnenflächen nach oben geöffnet*
	4 - 6	rechter Fuß schließt an in die 3. Position (rechts hinter links) *port de bras mit dem rechten Arm auf der Diagonale*
2	1	croisé mit links
	2 - 3	2 Schritte auf der Diagonale
	4 - 6	1 Dreierschritt auf der Kreislinie – dabei Oberkörper zur Mitte wenden
3	1 - 3	mit einem Dreierschritt zur Mitte
	4 - 6	rechter Fuß schließt an in die 1. Position *durchfassen und Arme gestreckt nach vorn anheben* = Dynamisches Kreuz

Der Reigen Jesu – Engelwirken

1977 choreographierte B. Wosien in Findhorn[34] für 24 Tänzer und Tänzerinnen das Mysterienspiel, die „Jesus-Hymne“ aus den Johannesakten. Hier schildert Johannes, wie Jesus vor seiner Gefangennahme seine Jünger aufforderte, um ihn herum einen Kreis zu bilden, sich die Hände zu reichen und seinen Abschied zu feiern. In 28 Versen teilte Jesus ihnen seine tiefsten Gedanken mit. Mit dieser ersten choreographischen Gestaltung eines Tanzzyklus versuchte B. Wosien, in die Fimdhorn Comunity „den Samen eines heiligen Tanzgeschehens einzupflanzen.“

Er hatte detaillierte Regieanweisungen für das Ganze gegeben, das mit einem Lichtritual begann. Vier Personen hielten je zwei große rote Kerzen und vier Personen je zwei weiße Kerzen in den Händen. Diese Lichtträger/Innen tanzten nacheinander zur Mitte und stellten die Kerzen in Form eines statischen und dynamischen Kreuzes ab.

In den brasilianischen Ausbildungen bildeten sowohl die von mir choreographierte Misa Latinoamericana als auch die Jesus-Hymne Teil des Ausbildungsprogramms. Als ich realisierte, dass einige der TeilnehmerInnen jüdischen Glaubens waren, suchte ich nach Gemeinsamkeiten. Da kamen mir die Engel zu Hilfe.

Fast alle größeren Religionen erkennen die Existenz von Engelwesen an. Engel (lateinisch: angelus „Bote“; hebräisch: malach „Gesandter“) sind in den Lehren der monotheistischen Religionen des Judentums, Christentums und Islams himmlische Wesen, Geistwesen in Menschengestalt. Das spirituelle Verständnis von Engeln und ihre Funktion als Mittler zwischen Gott und den Menschen ist in großen Teilen dem Tanach, dem Neuen Testament und dem Koran entnommen.
Engeldarstellungen findet man vor allem in der christlichen Ikonographie, aber auch in alten Illustrationen aus islamisch geprägten Kulturen.

Frühchristliche Kunst stellt Engel als Jünglinge ohne Flügel dar, jedoch werden sie durch christliche Schriftsteller dieser Epoche schon als geflügelte Wesen mit einer weißen Tunika bekleidet erwähnt. Nach dem Zeitalter der Aufklärung (17./18. Jahrhundert) finden sich in der bildenden Kunst ab der zweiten Hälfte des 19. Jahrhunderts anstelle der traditionellen jünglingshaften Darstellung häufig weibliche Engelsdarstellungen.

Erstaunlicherweise glaubt – laut Umfragen – in der heutigen Zeit jede/r zweite Deutsche an Engel, vor allem an die Macht und das Wirken eines Schutzengels. Im Vertrauen darauf, dass die Engel als „Botschafter Gottes“ Gutes für die Menschen bewirken, feiert die katholische Kirche am 2. Oktober das Schutzengelfest. In den letzten Jahrzehnten sind unzählige Bücher über Engel erschienen, z. B. auch ein umfangreiches Engelkompendium von Jeanne Ruland, ein Lexikon mit mehr als 1800 Engelnamen, Geschichte(n) und Ritualen.

Der Benediktinerpater Anselm Grün hat einige Bücher über Engel geschrieben, in denen er sagt, dass Engel Wirklichkeit sind – aber eine Wirklichkeit, über die wir nur in Bildern sprechen können. Sie sind der Einbruch des Transzendenten in unsere Welt.

Ein Engel kann z. B. ein innerer Impuls oder ein Mensch sein, der im richtigen Moment da ist. Am eindrücklichsten waren für mich die Bücher von Alfons Rosenberg „Engel und Dämonen: Gestaltwandel eines Urbildes“[35] und in ganz besonderem Maße das Buch von Otto Betz „Du hast Engel um Dich: Kleine Lehre des guten Lebens nach Rainer Maria Rilke.“[36]

Nach eingehender Beschäftigung mit diesen Lichtwesen, die schon in meiner Kindheit eine große Rolle gespielt haben, choreographierte ich den Tanzzyklus „Engelwirken“, beginnend mit einem Lichtritual und „Engel des Geleits“ (zu zweit) und den Tänzen „Guardian Angels“ (Musik: Felix Mendelssohn Bartholdy, Text: Psalm 91, 11-12):

Denn er hat seinen Engeln befohlen über dir,
dass sie dich behüten auf allen deinen Wegen,
dass sie dich auf den Händen tragen und du
deinen Fuß nicht an einem Stein stoßest.

Weiterhin gestaltete ich die Tänze Engel des Lichts – Lichtdurchwoben – Reigen der Engel – Engel der Stille – Engel des Aufbruchs – Isangelos – Lichtgebet / Lichtkreuz – Engel der Freude – Gradalis. (s. DVD, CD und Tanzanleitungsbuch „Engelwirken")

Ich bin davon überzeugt, dass man einen Ort für Engel einladend machen kann, wenn z. B. positiv gestimmte Menschen sich in einem Raum zusammenfinden und um eine mit Blumen und Kerzen geschmückte Mitte tanzen.

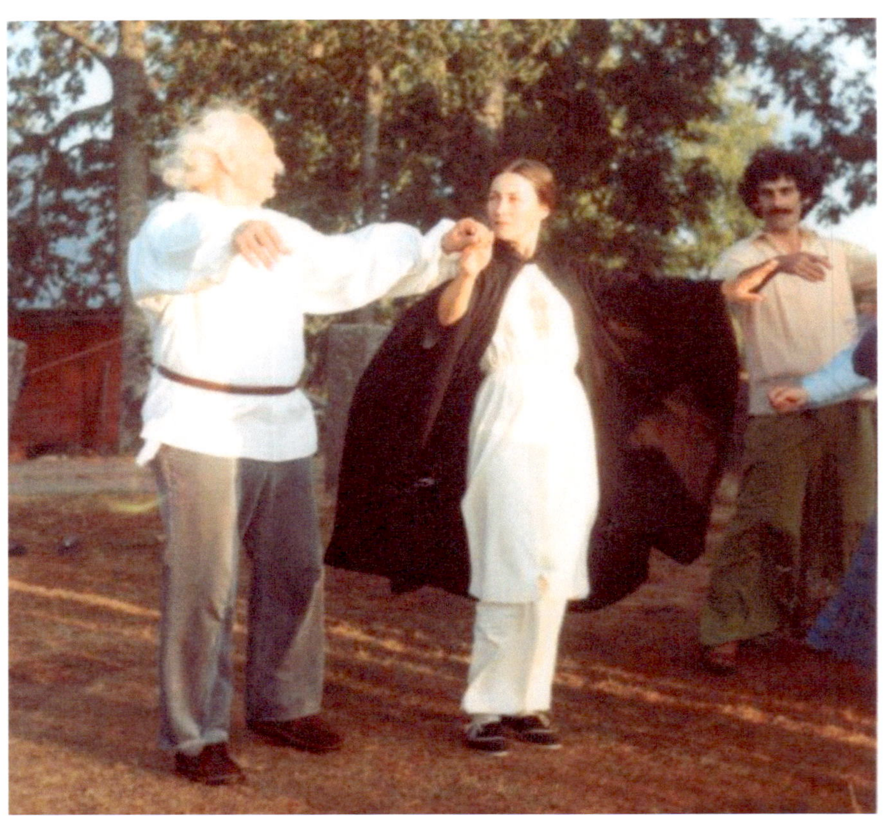

Friedel Eibl-Kloke und Bernhard Wosien

Begegnung mit dem Tänzer, Ballettmeister und Choreographen Prof. Bernhard Wosien

Vermächtnis und Auftrag

... alles, was uns anrührt, dich und mich,
nimmt uns zusammen wie einen Bogenstrich,
der aus zwei Saiten eine Stimme zieht... .

R. M. Rilke[37]

Die Begegnung mit Bernhard Wosien (Tänzer, Choreograph, Philosoph, Maler und Lebenskünstler) Ende der 70iger Jahre wurde zu meiner tiefgreifendsten, alles verwandelnden Erfahrung, obwohl ich von vielen Tanzlehrern im Laufe meines Lebens habe lernen dürfen. Mit der méditation en croix und dem 3-Stufenweg: Lehrling, Geselle, Meister und der von ihm begründeten Meditation des Tanzes (und Sacred Dance) hat er mir die religiöse Dimension des Tanzes erschlossen: „Heiligen heißt: Das Geschehen vom Himmel her betrachten. Also auch den Tanz.“ (B. Wosien)

Es war ein großes Privileg und eine Freude, seine Schülerin und Mitarbeiterin zu sein, mit ihm zu reisen und in vielen Ländern zu unterrichten, u. a. in Schottland (Findhorn), Schweden, Österreich, den Niederlanden etc. Er verstand es wie kein anderer, seine Zuhörer und Zuhörerinnen in seinen Bann zu ziehen, und die Menschen für die heute noch lebendigen Tänze der Griechen zu begeistern und das Interesse an der Antike und der Mythologie zu wecken. Voller Begeisterung philosophierte er an langen Abenden über Gott und die Welt, über Götter und Sterne. Schier unerschöpflich schien sein Wissen. Seine Vorträge über „Die hohe Schule des klassischen Tanzes, „Tanz die wortlose Sprache“, „Tanz als innerer Schulungs- und Einweihungsweg“, „Die Schule des Pythagoras und das Meisterwissen“ etc. fielen bei mir auf fruchtbaren Boden und wurden richtungsweisend für meinen Lebens- und Tanzweg.

Bernhard Wosien hatte ein Konzept für eine zweijährige Ausbildung entwickelt, dies dem Bayrischen Kultusministerium vorgelegt und eine sehr positive Reaktion erhalten, jedoch keine Subventionen. So beschloss ich, diese Ausbildung – die erste überhaupt – in den Niederlanden ohne staatliche Unterstützung zu verwirklichen und gründete unter dem Auspicium von B. Wosien ein Institut für Tanz und Bewegung (Demian-Instituut in Beweging) und die Stichting Sacred Dance. Bernhard Wosien war hier ständiger Dozent und ein nur allzu gerne gesehener Gast.

Sehr eingehend beschäftigte ich mich während seiner Abwesenheit mit seinen Vorträgen und Ausführungen und bereitete mich auf jeden seiner Besuche intensiv vor. U. a. erstellte ich Fragelisten und diskutierte mit ihm z. B. über die Hohe Schule des Klassischen Tanzes, Astronomie und Astrologie, Stufen der Einweihung, Hermes Trismegistos, das Freimaurertum, die Kunst etc. etc. Nach einem arbeitsreichen Tag zu nächtlicher Stunde war es nicht immer leicht, sich alles Gesagte zu merken, so bat ich darum, unsere Fragegespräche und Diskussionen auf Cassette aufnehmen zu dürfen. Welch ein Reichtum! Hin und wieder höre ich diese Aufnahmen, höre seine lebhafte Stimme und jedes Mal verstehe ich seine Worte auf eine andere Weise, jedes Mal erschließt sich mir Neues. Manchmal auch – ohne allzu nostalgisch zu sein – nehme ich einen seiner zahlreichen Briefe zur Hand, in denen unser Gedankenaustausch fortgesetzt wurde, aber in denen er auch z. B. schreibt:

(12.04.1983) Ich muss Dir heut nochmal sagen, wie Dank in mir ist,
Dich gefunden zu haben. Bin ich Dir doch innerlich so verbunden.
Die Tage in Findhorn sind unvergesslich dadurch.

(11.05.1983) Ich bin voller Verehrung für Dich und Liebe
und ich bin mir bewusst, dass ich schon längst Dir dies sagen sollte.
Die Begegnung mit Dir ist ein schönes und reines Gottesgeschenk für mich
und geeignet, unsere Arbeit mit und an den Menschen
zu erweitern und zu vertiefen...
Ich möchte Dir sagen, wie sehr ich dankbar bin,
dass wir zusammen uns so tief verstehen, Du, meine Friedel.
Ich umarme Dich. Sei gesegnet. Dein Meister.

Genau eine Woche vor seinem Tode umriss Bernhard Wosien in einem Telefongespräch in großzügigen klaren Linien einen Plan und malte ihn mir in leuchtenden Farben aus. Wortstark, voller Begeisterung, ja mitreißend ließ er vor meinem geistigen Auge eine Bildungsstätte entstehen (einen Saal in München hatte er schon gefunden). Dort sollten sich die Menschen den sieben schönen Künsten und dem Philosophieren (nach griechischem Vorbild) widmen können. In der Antike waren Theologie und Philosophie noch nicht voneinander getrennt sondern einer Wurzel. Vor allem aber war das Gymnasion eine musische Einweihungsstätte. Auch die Körperschulung geschah zu Ehren des höchsten Gottes und demgemäß auch alle Ausübungen, die musischen oder wissenschaftlichen Studien gewidmet waren.

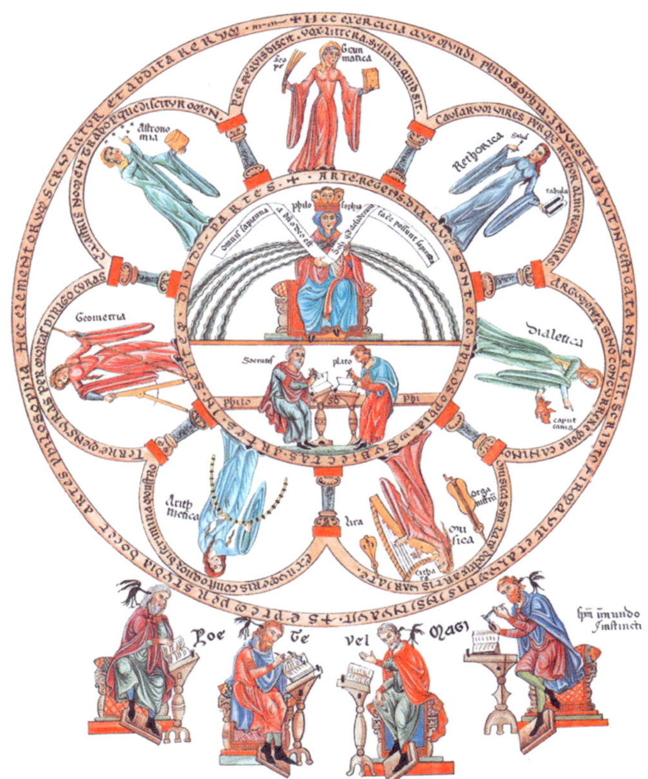

Hortus Deliciarum: Die Philosophie mit den sieben freien Künsten
(um1180. wikipedia.com)

Seine Vision war, auf diese Weise Menschen zu helfen, den homo ludens (den spielenden Menschen) und den homo religiosus, der sich nach Vereinigung mit dem Göttlichen sehnt, (neu) zu entdecken und ihre eigenen – vielleicht noch schlummernden schöpferischen Kräfte zu entfalten.

Abschließend sagte er – bezugnehmend auf ein Gedicht von Rainer Maria Rilke mit dem Titel „Ich lebe mein Leben in wachsenden Ringen...“: „Wenn ein Tänzer seinen Weg – vom Rhythmus ergriffen – schreitend, springend und drehend dem Licht entgegen durchgehalten hat, wenn er durch Leid und Schmerzen und durch viel Erschöpfung, aus der ihm immer neue Kraft gegeben wurde, geschritten ist, dann wird er sagen können – auch dann, wenn er den letzten Kreis nicht vollbringen sollte: „Ich schaute Gott im Schweigen auf dem dunklen Weg durch das Labyrinth, durch das mich der seelenführende Gott zu mir selbst finden ließ.“

Rhythmischer Schwung und poetisches Melos

Der Tanz war in ältesten Kulturen noch keine selbständige Kunst, sondern es bestand die Einheit von Dichtung, Tanz und Musik unter dem griechischen Begriff Musiké, und bildete einen Bestandteil ritueller Zeremonien, deren kultisch-religiöse Inhalte häufig einen mehr oder weniger mystischen Charakter hatten.

In der Tanzkunst sind aber auch alle anderen Künste verborgen enthalten: die Architektur (= geordnete Formen im Raum), Plastik / Bildhaukunst (= Formkraft der Gebärde), Malerei (= Farben der Seele in Bewegung), Musik (= Harmonie, die sich in der Zeit abspielende Bewegung, Rhythmus, Takt), Sprachkunst (= die Poesie, der Aufbau des Tanzes aus Inhalt und Gedanke).

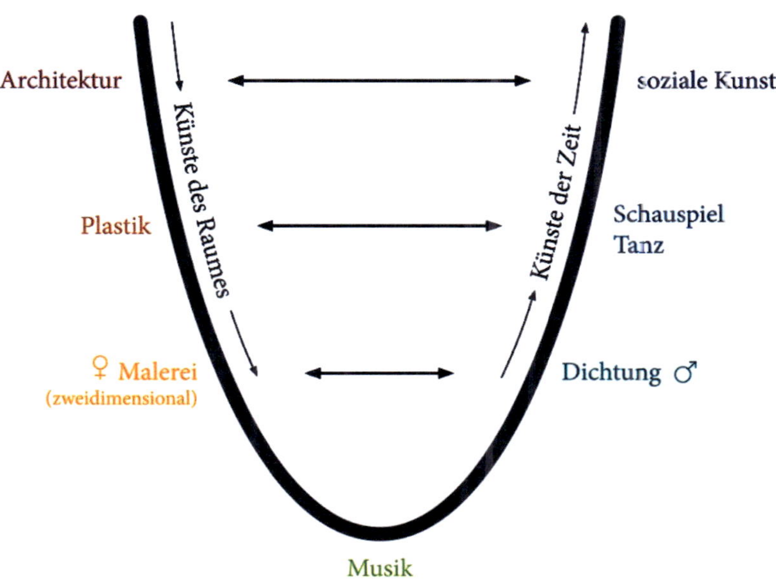

Parabel der Künste, Zeichnung F. Kloke-Eibl nach „Die Parabel der sieben Künste“ von Diether Rudloff[44]

Wenn man ein Leben lang den Tanz, die Musik und Poesie geliebt und schon in jungen Jahren unzählige Lieder und Gedichte von Eichendorff, Mörike, C. F. Meyer, Uhland etc. auswendig gelernt hat (to learn by heart), weiß man, dass man die Ratio weitestgehend ausschalten bzw. beurlauben muss, wenn man lyrische Dichtung ungeteilt aufnehmen will. Schon in jungen Jahren spürte ich – zwar unbewusst –, dass die Poesie aus zwei Schichten besteht: aus einer klanglichen, rhythmischen Schicht, die besonders im Vers gepflegt wird, sich teilweise sogar verselbständigt, und einer Schicht der mit den Wörtern verbundenen Bedeutungen. – Das gilt natürlich nicht für Pseudo-Gedichte wie z. B. Sinnsprüche, gereimte Versgebilde, Lehrgedichte etc. ; sie sind und sollen „bedacht" sein und zählen nicht zur reinen Lyrik. –

In vielen meiner Tänze und Choreographien bilden Musik, Tanz und Poesie eine Einheit. Immer wieder inspirieren mich nicht nur die Musik, sondern auch Gedichte von R. M. Rilke, Rose Ausländer, Hermann Hesse, Nelly Sachs, Silja Walter usw. zu Tanzschöpfungen. Jeder Tanz ist ein Versuch, in meiner Sprache (Tanz, die wortlose Sprache) symbolisch zum Ausdruck zu bringen, was mich bewegt.

Der Tanz war (ist) meine Art des Ausdrucks noch vor dem Wort.
Mein innerstes Element.

Nelly Sachs[38]

Besser und treffender könnte ich es nicht formulieren. Natürlich kann man alles erklären, analysieren, aber das Symbol zeichnet sich durch Unmittelbarkeit aus und erschließt sich jedem Menschen auf eigene Weise. In diesem Zusammenhang lasse ich gerne – wie so häufig in meinen workshops – einen Dichter / eine Dichterin zu Worte kommen, hier Rose Ausländer:

... Vergiss die Wirklichkeit – es gibt nur die poetische Wahrheit –
sagen die Träumer der wahren Wirklichkeit.

Poesie ist in erster Linie Ausdruck solcher Gedanken und Empfindungen, die nicht begrifflich ausgeschöpft werden können. Durch die dichterische, die poetische Phantasie ist der Mensch imstande, in der Sprache etwas auszudrücken, was er niemals ausdrücken könnte durch irdische Ausdrucksmittel, und zwar auf den Flügeln der Phantasie und des Rhythmus. Die Quelle für reine Lyrik ist zweifellos das Subtilere, Höhere, Edlere, und nicht so sehr der Zergliederung zugänglich. Auch sie benutzt daher häufig, sogar vorwiegend das Bild, das Symbol und die Metapher.

Es finden sich in der Literatur und auch in zahlreichen Berichten von Choreographen poetische Textpassagen. Dabei geht es um ein Ineinanderfließen und Verwobensein von musikalisch anmutenden „Wortchoreographien" mit der musikalisch poetischen Welt des Tanzes. Beim Tanz geht es zuerst mal um die taktile und die visuelle Wahrnehmung. Viele Dichter und Dichterinnen haben sich durch den Tanz beeinflussen lassen R. M. Rilke, J. W. von Goethe (… *Wir suchen unsern Raum und wandeln und singen. Und tanzen einen Traum*) oder tanzten gar selbst, wie z. B. Nelly Sachs, Silja Walter u. a.

Rainer Maria Rilke war zunächst einmal Augenmensch. Schauend nahm er die Welt wahr und in sich auf und suchte ihr Geheimnis zu erfassen, zu ergründen. Er war sehr empfänglich für alle Phänomene sinnlicher Wahrnehmung. In einem Brief formulierte Rilke es einmal so: „Es müsste nur unser Auge eine Spur schauender, unser Ohr empfangender sein, der Geschmack einer Frucht müsste uns vollständiger eingehen, wir müssten mehr Geruch aushalten, und im Berühren und Angerührtsein geistesgegenwärtiger und weniger vergesslich sein."

Dies alles finde ich auf wunderbare Weise „verwortet" im Gedicht „Tänzerin" von Silja Walter[39]

Der Tanz ist aus.
Mein Herz ist süß wie Nüsse,
Und was ich denke, blüht mir aus der Haut.
Wenn ich jetzt sacht mir in die Knöchel bisse,
Sie röchen süßer als Melisse,
der rot und klingend in der Kachel braut.

Sprich nicht von Tanz und
Nicht von Mond und Baum
Und ja nicht von der Seele, sprich jetzt nicht.
Mein Kleid hat einen riesenbreiten Saum,
Damit bedeck ich Füße und Gesicht
Und alles, was in diesem Abend kauert,
Aus jedem Flur herankriecht und mich misst
Mit grauem Blick, sich duckt
Und mich belauert,
Mich gellend anfällt und mein Antlitz küsst.

Sprich nicht von Tanz und
Nicht von Stern und Traum
Und ja nicht von der Seele,
lass uns schweigen.
Mein Kleid hat einen riesenbreiten Saum,
Drin ruht verwahrt der Dinge Sinn und Reigen.

Ich wollte Schnee sein, mitten im August
Und langsam von den Rändern her vergehn,
Langsam mich selbst vergessen, ich hätt Lust,
Dabei mir selber singend zuzusehn.

Dietgard Kramer-Lauff hat in seinem Buch „Tanz und Tänzerisches in Rilkes Lyrik“[40] die lyrischen Formen des Tänzerischen untersucht und nachgewiesen, dass dem Tanz im Spätwerk Rilkes ein großer Stellenwert zukommt. Seine Auffassung des Tänzerischen beschränkt sich jedoch nicht auf den künstlerischen Tanz, z. T. kann man in seinen „Tanzgedichten“ eine Tendenz zur „reinen“ unverstellten Bewegung und dem körperlichen Ausdruck finden. Sehr beeindruckt war Rilke vom Ausdruckstanz und er hat charakteristische Elemente der Tanzkunst auf die Dichtung übertragen und damit die Möglichkeit dichterischen Ausdrucks erweitert.

Spanische Tänzerin

Wie in der Hand ein Schwefelzündholz, weiß,
eh es zur Flamme kommt, nach allen Seiten
zuckende Zungen streckt –: beginnt im Kreis
naher Beschauer hastig, hell und heiß
ihr runder Tanz sich zuckend auszubreiten.

Und plötzlich ist er Flamme, ganz und gar.
Mit einem Blick entzündet sie ihr Haar
und dreht auf einmal mit gewagter Kunst
ihr ganzes Kleid in diese Feuersbrunst,
aus welcher sich, wie Schlangen die erschrecken,
die nackten Arme wach und klappernd strecken.

Und dann: als würde ihr das Feuer knapp,
nimmt sie es ganz zusamm und wirft es ab
sehr herrisch, mit hochmütiger Gebärde
und schaut: da liegt es rasend auf der Erde
und flammt noch immer und ergibt sich nicht –.
Doch sieghaft, sicher und mit einem süßen
grüßenden Lächeln hebt sie ihr Gesicht
und stampft es aus mit kleinen festen Füßen.

R. M. Rilke[41]

Adrianna Hlukhovych[42] bezieht in dem Buch „R. M. Rilkes Poetik" in ihrer Abhandlung über den Tanz die Dichtwerke ein, die im Sinne der Tanzkunst unkonventionelle, unästhetisierte „reine" Formen der Bewegung zur Schau stellen. Das Gedicht „Spanische Tänzerin" zeigt noch sehr deutlich eine konkrete Tänzerin in den verschiedenen Phasen ihrer Bewegung. In seinem Sonett 2 an Orpheus manifestiert sich der Tanz der Tänzerin sowohl in seiner Sichtbarkeit als in der Verwandlung ins „Unsichtbare".

Tanzt mehr, meine Freunde,
doch tragt mehr Schönheit in euer Tanzen,
als ihr in eurem Leben habt!
Die wahren Tänzer / Tänzerinnen streben immer nach höherer Schönheit.
Lasst uns deshalb eine Welt von Tänzern werden!
Denn überall dort, wo Hässliches durch Schönes ersetzt wird,
in den unfassbaren Dingen ebenso wie in den sichtbaren,
tanzen wir etwas näher an Glück und Vollendung heran.

Anna Pawlowa[43]

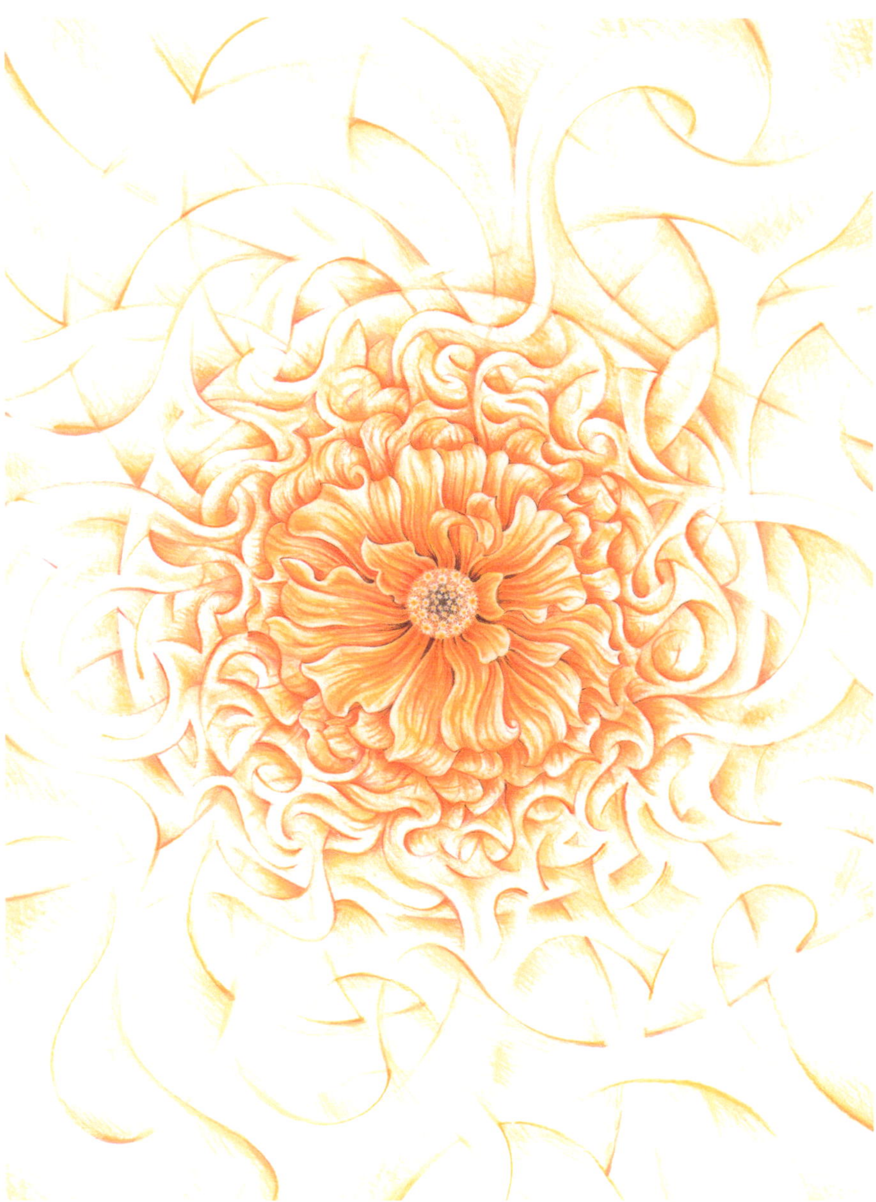

Alfred Bast, Blütenzauber, 2005

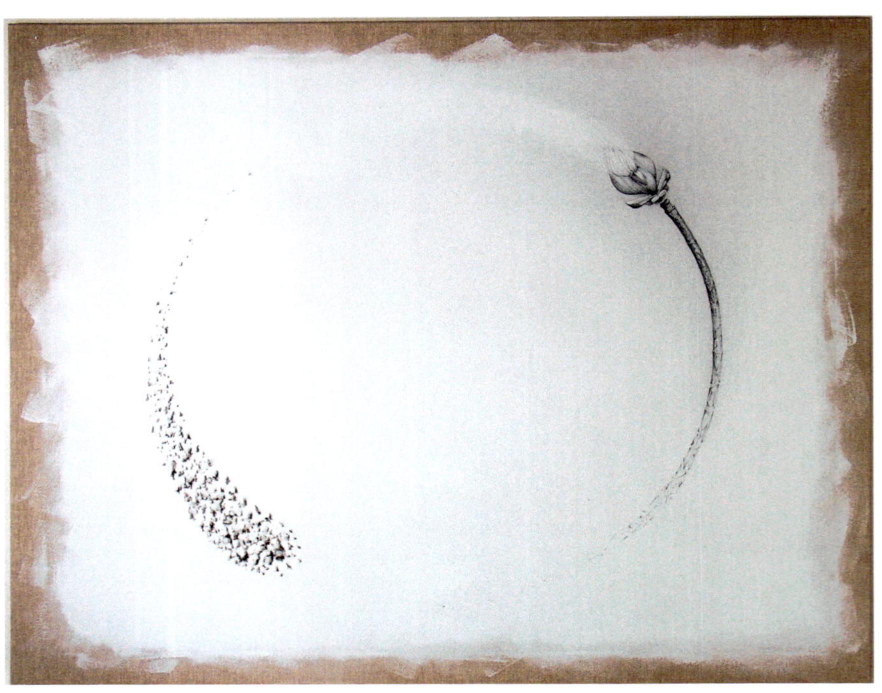

Alfred Bast, Kraft und Gestalt, 1992

Über Schönheit und Anmut

Ohne Freude kann die Schönheit nicht recht in uns gedeihen.
F. Hölderlin

Schönheit

Es sind die Sehnsüchte, die Hoffnungen und Wünsche, die uns umtreiben. Es gibt unendlich viele Formen des Hungers. Es verlangt uns nicht nur nach Speise und Trank, sondern auch nach Geborgenheit und Liebe, nach Tätigkeit und Erfolg. Aber wir haben auch noch ganz andere Bedürfnisse, die wichtig genommen werden müssen, wenn unser Leben erfüllt und glücklich werden soll. Dazu gehört unsere Sehnsucht nach dem Schönen, nach schönen Dingen, nach Farben und harmonischen Formen, nach der Vielfalt des Schönen in der Natur wie in der Kultur. Wahrscheinlich wird jeder von uns auf seine Weise angesprochen und macht seine eigenen Erfahrungen.

Was aber ist das eigentlich – das Schöne? Es ist auffällig, dass uns die ästhetischen Theorien meist kalt und die meisten Definitionen von Schönheit unbefriedigt lassen. Es scheint aber doch wohl so, als hätten wir eine geheimnisvolle Ahnung vom Wesen des Schönen. Friedrich Schiller sagt in seinen Briefen über die ästhetische Erziehung „die ganze Magie der Schönheit beruht auf ihrem Geheimnis“, denn Schönheit ist nie etwas Absolutes und Unveränderliches. Das ist wohl auch der Grund, dass man die Schönheit so schwer in ein theoretisches System fügen kann. Schiller glaubt, man könnte das Schönheitsideal eines Menschen am ehesten auf dem Wege finden, auf dem man seinen Spieltrieb befriedigt. Schönheit ist ja eine von den großen „Extras“ unseres Lebens; zur Not können wir auch ohne das Schöne existieren. Nahrung und Kleidung sind uns lebensnotwendiger als die Kunst. Aber sobald die allergrößte Not gestillt ist, erwacht unser Bedürfnis nach geglückter Form, nach ästhetisch befriedigender Art und Weise zu wohnen, uns zu kleiden, zu sprechen, zu leben und zu lieben. Schon die frühesten Funde der Menschheitsgeschichte machen deutlich, dass die Menschen sich immer geschmückt haben und sich mit schönen Dingen umgaben.

Von seiner sprachlichen Wurzel her hängt „schön" mit „schauen" zusammen. Es ist also vor allem das Auge, das sich dem Schönen öffnet und Hunger hat nach Eindrücken, die wir als „schön" empfinden. Aber jeder hat da seine eigenen Vorstellungen und Vorlieben. Was einer als besonders gelungen ansieht, vielleicht sogar als vollkommen, daran mäkelt ein anderer herum, weil er anders schaut und andere Kriterien hat.

Vielleicht gibt es vollkommene Schönheit nicht, sondern immer nur die Annäherung an ein Ideal. Goethe spricht davon, dass der Abglanz des Urphänomens Schönheit in tausend Äußerungen des schaffenden Geistes sichtbar wird. Es erscheint mir jedoch gar nicht so wichtig, dass wir alle zur gleichen Zeit und am gleichen Objekt das Schöne entdecken. Wichtiger ist, überhaupt einen Blick für das Schöne zu entwickeln, offen für das Geglückte zu sein, wenn es in unser Blickfeld gerät. Nicht allen ist es gegeben, wahre Schönheit zu erfassen. Es gibt ja auch Blindheit für das Schöne, unentfaltete Sinne, ein totales Unverständnis für das Strahlende, Leuchtkräftige. Jean-Jacques Rousseau schreibt: „Man muss den Blick üben wie das Gefühl, muss versuchen, das Schöne durch Anschauen und das Gute durch Gefühl zu beurteilen."

Aber warum muss es denn in unserem Leben das Schöne geben? Vielleicht genügt doch das Angenehme und das Lustvolle, das Bequeme und das Befriedigende? Wir brauchen wohl etwas, das darüber hinausgeht, etwas, das uns gleichsam aus dem Alltagsgrau reißt. Wenn alles im Rahmen des Üblichen und Normalen bleibt, bleibt unsere Welt auch zugesperrt. Treffen wir aber auf etwas Außerordentliches, merken wir erst, dass es noch eine andere Dimension gibt, die über die konventionellen Grenzen hinausgeht.

Mit dem Ausspruch „Das Schönste ist auch das Heiligste" wollte Friedrich Hölderlin[45] wohl auch sagen: es gibt eine Schönheit, die über unsere Welt hinausweist. In „Hyperion" hat er mir mit den folgenden Sätzen tief aus der Seele gesprochen: „Das erste Kind der menschlichen, der göttlichen Schönheit ist die Kunst. In ihr verjüngt und wiederholt der göttliche Mensch sich selbst. Der Schönheit zweite Tochter ist Religion. Religion ist Liebe der Schönheit." Der französische Dramatiker Anouilh drückte dies folgendermaßen aus: „Schönheit ist eines der seltenen Wunder, die unsere Zweifel an Gott verstummen lassen.“ – Deshalb sind wir auf der Suche nach Schönheit, weil sie uns etwas ahnen lässt von der Vollkommenheit, die wir hier nie erreichen können, nach der wir uns aber unstillbar sehnen. Stoßen wir dann auf etwas überragend Schönes, werden wir sprachlos vor Staunen, denn das Schöne will einfach nur geschaut werden.

Im griechischen Mythos hat Zeus jedem Wesen das geeignete Maß und seine bestimmte Grenze zugewiesen: die Gestaltung der Welt bedeutet so zugleich eine klare messbare Harmonie, die in den vier Sprüchen auf den Mauern des delphischen Tempels zum Ausdruck kommt. „Das Richtigste ist das Schönste“, „Beachte die Grenze“, „Hasse die Hybris“, und „Nichts im Übermaß“. Auf diese Regeln gründete sich das in Griechenland allgemeingültige Schönheitsideal. Für das griechische Denken und für die ganze nachfolgende Tradition fiel die Schönheit mit der Wahrheit zusammen, weil es in gewisser Weise die Wahrheit war, welche die Schönheit hervorbrachte. (Für die Romantiker hingegen brachte die Schönheit die Wahrheit hervor.)

Sehr komplex ist die Vorstellung Platons, aus der die beiden wichtigsten Konzeptionen des Schönen hervorgehen, die dann im Lauf der Jahrhunderte ausgearbeitet wurden: Schönheit als Harmonie und Proportion der Teile (abgeleitet von Pythagoras) und Schönheit als Glanz. Für Platon besitzt die Schönheit eine autonome Existenz; sie ist nicht an dieses oder jenes für die Sinne fassbare Objekt gebunden, sondern verbreitet ihren Glanz überall.

Thomas von Aquin schreibt im 13. Jahrhundert „Zur Schönheit sind drei Dinge erforderlich, und zwar erstens die Unversehrtheit oder Vollendung, ferner das gebührende Maßverhältnis oder die Übereinstimmung (der Teile) und schließlich die Klarheit und Leuchtkraft. Geistige Schönheit besteht darin, dass das Verhalten oder Tun des Menschen gemäß dem geistigen Glanz der Vernunft gut geordnet ist.“

Tatsächlich gab es in verschiedenen Epochen der Geschichte eine enge Verbindung zwischen dem Schönen und Guten. So lautete z. B. die Antwort des Orakels von Delphi auf die Frage, nach welchem Kriterium Schönheit zu bewerten sei: „Das Richtigste ist das Schönste.“ – Der

Barock bringt dahingegen eine Schönheit jenseits von Gut und Böse hervor. Das Schöne kann durch das Hässliche ausgedrückt werden, das Wahre durch das Falsche, das Leben durch den Tod. – Die Romantiker suchten keine statische und harmonische, sondern eine dynamische, im Werden begriffene, also auch disharmonische Schönheit, insofern das Schöne auch aus dem Hässlichen, die Form aus dem Formlosen hervorgehen kann und umgekehrt.

Anmut

Auf philosophischem und künstlerischem Gebiet ist der Begriff der Anmut eng mit dem der Schönheit verknüpft, denn „Schönheit ist nichts anderes als Anmut, die aus Proportion und Angemessenheit entsteht und aus der Harmonie der Dinge“; dahingegen glaubte B. Castiglione, dass die Anmut bei einigen Menschen von den Sternen komme.

Anmut ist eine Idee, die von Schönheit nicht weit entfernt ist; Anmut bezieht sich jedoch auf Haltung und Bewegung. Zur Anmutigkeit von Haltung und Bewegung ist erforderlich, dass kein Anschein von Schwierigkeit besteht. Der Tänzer muss über die Technik hinauswachsen, damit schließlich Tänzer und Tanz eins werden. Ist diese Voraussetzung gegeben, so besteht alle Zauberkraft der Anmut und das, was man ihr „je ne sais quoi“ nennt, in diesem Gerundetsein, dieser Zartheit in Stellung und Bewegung. Solche Gedanken äußert auch Edmund Burke [46]in seiner philosophischen Untersuchung über den Ursprung unserer Ideen vom Erhabenen und Schönen.

Es will mir scheinen, dass beim menschlichen Körper und gerade beim Tanz die Beschaffenheit der Seele und des Charakters eine große Rolle spielt, die mehr mit dem Auge des Geistes als dem des Körpers erfasst werden kann.

Am eingehendsten hat F. Schiller über „Anmut und Würde“[47] philosophiert. U. a. führt er aus, dass da, wo Anmut stattfindet, die Seele das bewegende Prinzip ist und dass in ihr der Grund von der Schönheit der Bewegung enthalten ist. Folglich ist Anmut eine Schönheit, die nicht von der Natur gegeben, sondern von dem Menschen selbst hervorgebracht wird. Die Natur gibt die Schönheit des Baues, die Seele gibt die Schönheit des Spiels. Die architektonische Schönheit macht dem Urheber der Natur, Anmut und Grazie machen ihrem Besitzer Ehre. Jene ist ein *Talent*, diese ein *persönliches Verdienst*. Anmut kann nur der *Bewegung* zukommen, denn eine Veränderung im Gemüt kann sich nur als Bewegung in der Sinnenwelt offenbaren. [...] Grazie ist immer nur die Schönheit der durch Freiheit bewegten Gestalt. Bewegungen, die bloß der Natur angehören, können nie diesen Namen verdienen. [...] Anmut können nur solche Bewegungen zeigen, die zugleich einer Empfindung entsprechen und Inhalte widerspiegeln.

Auf dieser Grundlage können wir von einem Verständnis von Schönheit sprechen, das allerdings an die verschiedenen Künste gebunden ist: In den Hymnen kommt die Schönheit in der Harmonie des Kosmos zum Ausdruck, in der Dichtung in der Bezauberung, die die Menschen jubeln lässt, in der Bildhauerkunst im Verhältnis der Maße und der Symmetrie der Teile, in der Rhetorik im richtigen Rhythmus ... und die Tanzkunst umfasst und beinhaltet alle Künste.

„Träume sind Schäume – aus dem Unendlichen....“

Träume sind nicht auszurotten

Soll es immer nur in den Märchen wahr sein, dass die Liebe stärker ist als die Angst und die Menschlichkeit mächtiger als der Zwang der Umstände und der Gesetze? Um ein Märchen auszulegen, muss man wenigstens ein wenig daran glauben, dass das Leben selber märchenhaft sein kann. Trotz aller Enttäuschungen, Entmutigungen und Zweifel sind doch die Träume nicht auszurotten, die in den Märchen Gestalt gewinnen; und wenn man die Märchen schon bevorzugt den Kindern erzählt, so doch wohl auch deshalb, weil ein jedes Kind, das zur Welt kommt, in gewissem Sinne ein Recht darauf hat, so glücklich zu werden, wie die Märchen das traumhafte Glück der Liebe erträumen.

Eugen Drewermann[48]

Menschen waren schon immer fasziniert von Träumen. Immer haftet ihnen etwas Magisches an. Sie galten als wichtige Seelenbotschaft in Heilungsprozessen; auch bezeichnete man sie als „die vergessene Sprache Gottes“. Um Traum drehen sich Mythen, Geschichten und Märchen. Am häufigsten findet sich das Traummotiv in der Dichtung. Schon in der Odyssee kündigt sich Penelopeia das Kommende im Traum an. Homer selbst bezeichnete diesen Traum als „Gottesgesicht“. Träume sind also keine Schäume, wie das Sprichwort sagt, sie sind, wie Ernst Jünger den Satz tiefsinnig fortführte „Schäume – aus dem Unendlichen.“

Das Bewusstsein des heutigen Menschen kennt eine sehr klare Trennung zwischen Tag- und Nachtbewusstsein. Der Begriff Tag/ Nachtbewusstsein steht hier für die Unterscheidung zwischen der Fähigkeit, die physische Welt wahrzunehmen, und der Fähigkeit, die Welt bildhaft zu erfassen. Am Tage machen wir unsere Wahrnehmungen und Erfahrungen, wir denken und handeln, wir sind im Wachbewusstsein. Mit dem Einschlafen erlischt unser Bewusstsein jedoch nicht. Das menschliche Bewusstsein scheint im

Schlaf in tiefere Schichten hinunterzusteigen, in denen das Leben nicht durch abstrakte Begriffe, sondern durch bedeutsame Bilder beschrieben wird. Aus dieser Kraft der Bildersprache erhalten auch Kunstschaffende ihre Inspiration. Tatsächlich scheinen viele Künstler durch Träume zu ihren Werken angeregt worden zu sein. Von Albrecht Dürer ist z. B. folgender Ausspruch überliefert: „Ach, wie oft seh ich große Kunst und gut Ding im Schlaf, desgleichen mir wachend nit fürkommt."

Novalis verstand den Traum als „göttliche Mitgabe" und als „freundlichen Begleiter" auf unserem Lebensweg. Eine andere Seite des Daseins meldet sich, die nicht von der nüchternen Logik bestimmt ist. Novalis schreibt: „Mich dünkt der Traum eine Schutzwehr gegen die Regelmäßigkeit und Gewöhnlichkeit des Lebens, eine freie Erholung der gebundenen Phantasie, wo sie alle Bilder des Lebens durcheinander wirft, und die beständige Ernsthaftigkeit des erwachsenen Menschen durch ein fröhliches Kinderspiel unterbricht."

Eng verwandt ist der Traum mit unserem Gefühlsleben; im Gefühl träumen wir eigentlich beständig auch während des wachen Tageslebens. Der Wach- und Schlafzustand sind nur zwei Zustände; ein anderer ist der, der zwischen Wachen und Schlafen liegt. Da ist der Mensch sich bewusst, dass Bilder durch seine Seele ziehen, Traumbilder. Diesen Zustand kann man den Traumzustand nennen. Wachphantasie und Traum entstammen demselben unbewussten Seelengrund.

Der Traum drückt sich nicht in unserer gewohnten Sprache aus sondern in Symbolen. Traumlogik und Traumglanz kann man aus der Sicht des schöpferischen Menschen nicht begreifen, wie man einen Denkbegriff begreift. Der Traum widerstrebt dem Zugriff des Verstandes, seine Bilder sind oft von großer Intensität, aber stets von großer Flüchtigkeit. Jeder Versuch der gedanklichen Besitzergreifung birgt die Gefahr der Verflüchtigung, der Verfälschung und Verfremdung. Man kann die Bilderflut des Traumes nicht erklären. Wenn man auch einiges an ihnen erklären kann, geht man doch völlig am Wesen des Traumes vorbei. „Intellektuelles Verstehen allein gleicht einem Herumfingern an Äußerlichkeiten." (Max Picard[49]).

Dem Wachbewusstsein widerfährt oft Enttäuschung und Entzauberung, wenn er den Schimmer des Traumbildes in den ernüchternden Strahl des Bewusstseins rückt. Eichendorff (1815) warnt deshalb in einem seiner tiefsten Gedichte:

Doch wolle nie dir halten
Der Bilder Wunder fest,
Tot wird ihr freies Walten,
Hältst du es weltlich fest.[50]

Wie sehr gelten diese Aussagen auch im Hinblick auf eine große Anzahl von Tänzen und Choreographien. Wie beglückend ist es, Seelenverwandten zu begegnen, Menschen, denen sich die Symbolik intuitiv erschließt. Schwierig ist es dahingegen, wenn Tanzende ausschließlich mit reiner Logik an die Dinge herangehen, denn das Tagesbewusstsein neigt zur Erstarrung, Einengung der Sicht. Oft kommt es mir nach Erklärungsversuchen so vor, als zerrinne mir alles unter den Händen, als wischte ich den bunten Schimmer von den Schmetterlingsflügeln.

„Der Mensch hat sich im Weltbild der Naturwissenschaften eine logisch rationale, messbare Welt gebaut. So großartig die Errungenschaften dieser Lehren auch sind, so einseitig sind sie! Das Messbare und Funktionelle besitzt einen Gegenpol. Er ist das Unmessbare. Beides aber gehört zum Menschen. Die Krise unseres Daseins stammt von einem Denksystem, das versucht, den Menschen mittels einseitig rationeller Kenntnisse, umgeben von der Funktionalität perfekter Abläufe, zu erlösen.“ (B. Wosien[51])

Der *Tanz-Traum* gehört zu den sehr alten Traumbildern. Manche Traumdeuter vertreten die Meinung, dass es sich hierbei um einen typischen Frauentraum handelt, der Selbstausdruck und „Selbstverwirklichung“ in Bewegungsabläufe umsetzt. Der Tanz beziehungsweise das Tanzen wurde als ein Sinnbild für Freiheit betrachtet, denn der Tanz sucht die Befreiung aus irdischer Begrenzung. Auf der spirituellen Ebene symbolisiert Tanzen im Traum den Rhythmus des Lebens bzw. die Umwandlung des Raumes in Zeit.

Zahllose Sphären schwingen
Im Weltall sich zum Tanz;

Des Jahres Horen bringen
Uns Freude, Frucht und Glanz.
So lasst auch uns, enthoben
Der Macht von Zeit und Raum,
Jetzt träumen, lichtumwoben,
Des Daseins gold'nen Traum.

F. Kirchner[52]

Rudolf von Laban[53] begründete sein Interesse an den Kulturen früherer Zeiten und deren Symbolbildungen mit der Tatsache, dass die Menschen dieser vergangenen Kulturepochen die Fähigkeit besaßen, wirksam bildlich zu sehen und zu gestalten, und dass sie den tieferen symbolischen Sinn jeder Form und Bewegtheit zu erfassen und tänzerisch wiederzugeben vermochten. Und er führte weiter aus, dass die Bedeutung eines Symbols darin besteht, etwas noch nicht bewusst Verstandenes durch Analogien zu präsentieren und dass die individuell erworbenen Erfahrungen und Ahnungen dadurch vermittelbar werden. Demnach sind Symbolisierungen im Tanz Gestaltwerdung von Träumen und Visionen.

Hesse schreibt in einem seiner Gedichte[54]: „…Kein Grenzstein scheidet zwischen Traum und Tat…" Und doch: Welche Hürden, welche Schwierigkeiten gibt es immer wieder zu überwinden, wenn man die eigenen Seelen- und Traumbilder versucht zu „übersetzen". In diesem Zusammenhang fällt mir ein chinesischer Spruch ein: „Ich träumte, das Leben sei Freude, ich erwachte und das Leben war Arbeit, und siehe die Arbeit war Freude."[55]

Als Ergebnis seiner Forschungen über Religion und Bräuche anderer Kulturen entdeckte C. G. Jung[56], dass die Symbolik, die in unseren Träumen auftaucht, obwohl sie persönlich bestimmt ist, häufig im Universalen gründet.

Die dunklen Bilder, die der Geist gebiert,
durch die du taumelst in Umdämmerungen,
bergen den Stufenaufweg, der dich führt
zu deines Lebens letzten Gipfelungen.[57]

Auch für den heutigen Menschen haben die Träume einen Sinn, und man stellt fest, dass einem die Träume etwas Bedeutungsvolles sagen. Vor allen Dingen gewinnt man Erkenntnisse durch seine Träume; man muss nur recht auf sie achtgeben.

Und ob Dir auch
Dein schönster Traum gefalle
und alle Träume
die vorübergehn.
Das Leben, wenn wir es
nur recht verstehn
das Leben kommt
und übertrifft sie alle.

R. M. Rilke[58]

Vom Traum geleitet gehen wir voran

Vom Traum geleitet gehen wir voran,
ergriffen stumm.
Gelangen wir ans Ziel ? Ja oder nein?
Ob zum Erfolg oder zum Misserfolg:
Gelangen wir ans Ziel? Ja oder nein?
Ob zum Erfolg oder zum Misserfolg:
Vom Traum geleitet gehen wir voran.

Genug, an das zu glauben, was wir haben.
Genug, auf das zu hoffen,
was wir vielleicht nie haben werden.
Genug, die Seele einzusetzen
Mit gleicher Freude
Für das, was wir nicht kennen, wie für das,
was zum Alltag gehört.

Gelangen wir ans Ziel? Ja oder nein?
Wir brechen auf. Wir gehen. Wir sind.

Sebastião da Gama[59]

„Wissen ist Haben – Erkennen ist Sein"

Ich möchte gerne ein Thema aufgreifen, das schon zu Wosien's Zeiten häufig diskutiert wurde, nicht zuletzt durch das in den 70er Jahren erschienene gesellschaftskritische Buch von Erich Fromm „Haben oder Sein". Er sprach mir in dem Kapitel „Vom Haben zum Sein" aus dem Herzen: „Ein Mensch, der nicht völlig entfremdet ist, der noch immer empfindsam geblieben ist und noch fühlen kann, der noch nicht den Sinn für Würde verloren hat, der noch nicht ‚käuflich' ist, der noch nicht vollständig in der Existenzweise des Habens lebt, ein solcher Mensch kann nicht anders, als sich in der heutigen Gesellschaft einsam, ohnmächtig und isoliert zu erleben."[60]

Heute ist dieses Thema aktueller denn je. Immer wieder wenden sich Tanzdozenten / Dozentinnen an mich – so wie wir uns früher an Wosien wandten – mit dem verzweifelten Hilferuf: Was ist zu tun gegen die Anspruchshaltung und das Konsumverhalten, das Haben-Wollen? Hier, so fanden wir damals, musste ein ernstes, eindringliches Wort an oberster Stelle gesprochen werden. Wir wurden enttäuscht, so wie bei der eindringlichen Bitte an Wosien, doch endlich mal Auswahlkriterien für Tanzanleitende festzulegen. Seine Antwort lautete:

„Ach wisst Ihr; wir machen es halt so, am Schluss bekommen die einen ein Entendiplom und die andern ein Schwanendiplom! Wie aber wissen die Teilnehmer / Teilnehmerinnen ohne Vorkenntnisse, wer Schwan und wer Ente ist? „Nun, wir werden ihnen das Märchen ‚Des Kaiser's neue Kleider' ans Herz legen, damit sie unterscheiden lernen."

Die Antwort von Wosien auf das Problem der Unersättlichkeit möchte ich Euch auch nicht vorenthalten: „Es gibt ja diese herrlichen Sagen mit dem Tantalos, der versuchte am Tisch der Götter mitzuspeisen und wissen wollte, wie das Met schmeckt. Er und sein Geschlecht wurden verurteilt, einen nie zu stillenden Durst zu haben. Das wurde also so eine Faustgestalt, die dann dem Mephisto verfällt. Er kann also nur ein verneinender Geist werden, weil er anfängt, die Lichtseite zu hassen, weil sie ihn verworfen hat. Und dann kann er überhaupt nicht mehr satt werden. Das ist eine großartige Sage."

Zur Ergänzung: Tantalos, eingeladen, an der Göttertafel zu essen, stahl von dort Nektar und Ambrosia (göttliche Nahrung, die den Göttern zu Unsterblichkeit verhalf), was die Götter erzürnte. Die Götter verstießen Tantalos in den Tartaros, peinigten ihn dort mit ewigen Qualen. Homer schildert dies in der Odyssee wie folgt:

Auch den Tantalos sah ich, mit schweren Qualen belastet.
Mitten im Teiche stand er, den Kinn von der Welle bespület,
Lechzte hinab vor Durst, und konnte zum Trinken nicht kommen.
Denn so oft sich der Greis hinbückte, die Zunge zu kühlen,
Schwand das versiegende Wasser hinweg, und rings um die Füße
Zeigte sich schwarzer Sand, getrocknet vom feindlichen Dämon.
Fruchtbare Bäume neigten um seine Scheitel die Zweige,
Voll balsamischer Birnen, Granaten und grüner Oliven
Oder voll süßer Feigen und rötlich gesprenkelter Äpfel.
Aber sobald sich der Greis aufreckte, die Früchte zu pflücken,
Wirbelte plötzlich der Sturm sie empor zu den schattigen Wolken.

11. Gesang, 582-592

In seinem Buch „Haben oder Sein“ führt Erich Fromm folgendes aus: „Ich habe die Beobachtung gemacht, dass die Orientierung am Haben heute ein Massenphänomen ist, das seinen Grund in den ökonomischen und sozialen Gegebenheiten einer Gesellschaft hat, die zu viel hat und deshalb der Versuchung erliegen kann, sich vom Haben her zu bestimmen.

Dahingegen sind Liebe, Vernunft und produktives Tätigsein psychische Kräfte des Menschen, die nur in dem Maße entstehen und wachsen, als sie praktiziert werden; sie lassen sich nicht konsumieren, kaufen, aneignen wie Gegenstände des Habens. Anders als für die Gegenstände des Habens, die in dem Maße aufgebraucht werden, als sie benutzt werden, gilt für Liebe, Vernunft und produktives Tätigsein, dass sie wachsen und mehr werden, wenn sie gebraucht und geteilt werden.

Orientierung am Sein bedeutet immer, dass man seinen Lebenssinn an den psychischen Eigenkräften des Menschen orientiert. Mit Hilfe von Meditation, Initiation und Ritualen kann man seinem unsterblichen Wesensteil jene geistige Nahrung zuführen, die die Seele auf ihrer irdischen Wanderung braucht. Man versetzt sich dadurch auch in die Lage, zur rechten Zeit mit Intuition und Inspiration, Bewusstseinsphasen zu aktivieren, die vordem noch geschlummert haben. Voraussetzung dafür ist, dass man bei seinem „Tun" selbstlos und altruistisch vorgeht."[61]

Erkennen

Infinite Wisdom

Musik:		Lisa Lynne
Takt:		3/4
Ausgangsstellung:		Zu zweit im durchgefassten Frontkreis
Handhaltung:		V-Haltung
Beginn:		Nach 8 Takten
Takt	Zählzeit	**Kleiner KREIS**: (dynamisch) zur Mitte
1	1	Schritt mit linkem Fuß gekreuzt vor rechts
	2	Schritt mit rechtem Fuß vor
	3	Schritt mit linkem Fuß schräg nach links
2	1 - 3	**Takt 1** rückwärts wiederholen, rechter Fuß kreuzt hinter links
3	1	großer Schritt mit linkem Fuß (ausgedreht) in gerader Linie zur Mitte < *dabei Hände lösen* >
	2	Schritt mit rechts am Platz (mit halber Drehung über linke Schulter) – nach außen gewendet
	3	links schließt an
4	1 - 3	**Takt 3** spiegelbildlich wiederholen (mit rechtem Fuß nach außen und Drehung über rechte Schulter)
5	1 - 3	Walzerschritt mit links in Tanzrichtung
6	1 - 3	Walzerschritt mit rechts in Tanzrichtung
7		< Hände lösen – nur mit Partner/Partnerin verbunden bleiben – Tor bilden (die Arme gestreckt nach außen und nach oben führen) und
8		zu zweit mit 2 Walzerschritten aufeinander zu und durch das Tor tanzen – zurück zur Ausgangsstellung –

Infinite Wisdom
O Mother of life

Let us reach for
and reflect your light.

As we humbly bring
to fruition your dream.

In as many ways as we are
blessed and individual.

Trust that we find our way
closer to each other
and therefore closer to Thee.

Lisa Lynne

Unendliche Weisheit
O Mutter des Lebens

Wir wollen Herz und Hände
nach Dir ausstrecken und Dein
Licht widerspiegeln.
Demütig bringen wir Deinen
Traum zum Erblühen.

In so mannigfacher Weise wie
wir individuell gesegnet sind.

Vertrau', dass uns unser Weg
näher zusammenführt und
dadurch näher zu Dir.

Zur Symbolik des Tanzes

Symbole sind geheimnisvolle Zeichen, die einen Überschuss an Bedeutung enthalten und mit mythischen Vorstellungen verbunden sind. Sie lassen eine Wirklichkeit erahnen, die über den dargestellten Gegenstand hinausweist. Was sich in einem Sinnbild zusammenfügt, sind komplexe Zusammenhänge, die sich nur schwer in Worten ausdrücken lassen.

Die Linie ist philosophisch betrachtet aus Bewegung entstanden, und zwar, wie Roman Signer es bezeichnet: durch „Vernichtung der höchsten in sich geschlossenen Ruhe des Punktes". So entwarf z. B. Platon sein Liniengleichnis. Er hat die Linien in die Geraden, Kreise und aus ihnen zusammengesetzte Linien eingeteilt. Auf ihn geht die erste bekannte Definition des Kreises zurück: „Rund ist doch wohl das, dessen äußerste Teile überall vom Mittelpunkt aus gleich weit entfernt sind." (Parmenides) Der Anfang ist das Ende und das Ende ist der Neubeginn.

Neben dem Punkt und der geraden Linie gehörte der Kreis zu den ältesten Elementen der vorgriechischen Geometrie. Wegen seiner Vollkommenheit war der Kreis von ganz besonderem Interesse. Der Mathematiker und Philosoph G. W. Leibniz hat schon im 17. Jahrhundert betont, dass geometrische Formen das Verständnis komplexer Zusammenhänge wesentlich fördern können. Die Übertragung von bestehendem Wissen in Linien, Graphiken und Diagramme kann den Anstoß zu neuen Erkenntnissen geben.

Auch viele Künstler setzen sich mit den Möglichkeiten und der Ausdruckskraft der Linie auseinander, z. B. Wassily Kandinsky in „Punkt und Linie zur Fläche" – ein Sprung aus dem Statischen in das Dynamische.

Der pädagogische Eros

Didaktik – Methodik

Wenn du ein Schiff bauen willst, so trommle nicht Leute zusammen, um Holz zu beschaffen, Werkzeuge vorzubereiten, Aufgaben zu vergeben und die Arbeit einzuteilen, sondern wecke in ihnen die Sehnsucht nach dem weiten endlosen Meer.

Antoine de Saint-Exupéry[62]

Der Begriff Didaktik bedeutet ursprünglich Lehrkunst / Bildungslehre (didaktisch = das gute Lehren betreffend). Hier gilt es zu klären, was wird unterrichtet und bei der Methode (méthodos bedeutet wörtlich: „der Weg auf ein Ziel hin"): Wie wird unterrichtet. In jeder Methode, d. h. in der Art wie Tanz betrachtet und vermittelt wird, geht es zum einen darum, „tänzerisches Sachwissen" zu erwerben, also um eine Erziehung zum Tanz, um das Erlernen und Beherrschen von tänzerischen Bewegungsformen und -abläufen. Zum andern geht es um die Person des Lernenden, um die Erweiterung seiner persönlichen Ausdrucksmöglichkeit durch das Medium Tanz. Was immer Tanzlehrer /Tanzlehrerinnen jedoch unterrichten – Folklore, indischen Tempeltanz, klassisches Ballett etc. –, für den Schüler ist entscheidend, wie weit der Lehrer ihm dazu verhelfen kann, die Einheit von Körper, Geist und Seele zu schaffen. – Viele Tanzanleitende zeigen nur Schritte und manchmal Armbewegungen. Vermitteln sie auf diese Weise jedoch den Sinn der Bewegung, eine Erfahrung, beruhend auf der Bewegtheit der eigenen Seele, eine Erfahrung, die für immer mit dem eigenen Wesen verbunden ist?

Gute Pädagogen haben die Fähigkeit, anstatt Mauern zu errichten, den Horizont der Schüler zu erweitern, damit sie die Zusammenhänge leichter erkennen können, und Fenster und Türen in eine Welt zu öffnen, die faszinierend ist. Bernhard Wosien war ein Lehrer, der in hohem Maße inspirierend wirkte und sich – gemäß der obersten Maxime jeder humanen Bildung und Erziehung – gemeinsam mit seinen Schülern auf den Weg machte. Er entfachte unsere Leidenschaft für den Eros des Schönen und wir spürten, dass wir nicht mit irgendeiner Tätigkeit, einer Tätigkeit unter anderen beschäftigt waren, sondern mit etwas elementar Not-wendigem, mit dem wesentlichen Medium unserer (Selbst)Erziehung.

Er war ein Lehrer, der in hohem Maße inspirierend wirkte. Nie, so sagte er, dürfe ein Tänzer / ein Tanzlehrer eine Bewegung machen, nicht die einfachste Übung ausführen, ohne das Staunen zu kennen, wie das wunderbare, einmalige Geschehen, als man sich als kleines Kind zum erstenmal aufrichtete und frei dastand. Aber „Es steckt viel Arbeit und Mühe darin, um vom Erlernen der ersten Tonleiter zu jener Leiter zu gelangen, auf der sich die Seelen erheben können.“ (Bijan Khadem-Missagh.[63]

Jedoch ist die Aufmerksamkeit des Anfängers / des Amateurs sehr zerbrechlich. Häufig betreten Anfängerinnen den Tanzraum erfüllt von Ängsten und man hört Entschuldigungen und Ausflüchte sowie Bemerkungen, die die abwertende Haltung dem Körper gegenüber verraten. Lernsituationen sind Situationen, in denen die Tanzenden besonders empfindlich sind, und sehr anfällig für Lob und Tadel, da sie den Ausdruck durch den Körper als Selbstäußerung, als ein Etwas-von-sich-Zeigen verstehen. Dieser Umstand macht ja auch die Bewegungserziehung so schwierig, da unbewusst das „Zeig mir, wie Du Dich bewegst, und ich sage Dir, wer Du bist“, gefürchtet wird.

Der / die Unterrichtende weiß, jeder dieser Menschen hat trotz verschiedener Veranlagung und Erfahrung alles mitbekommen, was ein ganzes Wesen ausmacht. Dieses Wissen darum ist als Voraussetzung unerlässlich, um die bei Erwachsenen sehr häufig zerrissene Einheit von Körper, Geist, Seele wiederherzustellen. Auch Femke van Doorn Last hat in ihrer jahrelangen Unterrichtstätigkeit die Erfahrung gemacht, dass, wo immer Tanzbegeisterte zusammenkommen, sie sich mit ihren Wünschen nach Entspannung, nach Kommunikation, ihrer Sehnsucht nach Harmonie, ihrem Bedürfnis nach Angenommen-sein, aber auch in ihrem Drang nach spielerischer Selbstverwirklichung und künstlerischem Ausdruck, bereitwillig dem Tanzleiter/ der Tanzleiterin überlassen.[64] Daher kommt den Lehrern und Lehrerinnen eine verantwortungsvolle Aufgabe zu.

Der Anfänger / die Anfängerin ist noch nicht so weit, dass er / sie sich lange mit derselben Sache befassen könnte; er / sie will auf immer wieder andere Weise unterhalten werden. Der Lehrer / die Lehrerin muss ihn durch einen „Märchengarten von Bewegungen" führen, alle neu und ungewohnt, und vielleicht doch heimlich vertraut, ersehnt. Die blaue Blume findet ja auch nur der Mensch, der sie im Innern geschaut hat. Alle technischen Probleme müssen nach und nach gelöst werden, doch immer im Zusammenhang mit dem Wunsch nach Lebendigkeit.

Und so wächst der /die Lernende allmählich in seinen / ihren Körper hinein. Hand in Hand mit der Differenzierung des Körperempfindens entwickelt sich meist die Aufnahmefähigkeit, die Wachheit. Das hat zur Folge, dass man sich bedingungsloser dem Augenblick hingeben kann. Alles Neuerworbene bedeutet eine Erweiterung der Persönlichkeit.

Der Laie soll durch den Unterricht im Tanz die Fähigkeit ausbilden, auch mit dem Körper etwas zu begreifen, etwas, das zwar nicht so leicht benennbar ist wie die Dinge, die er mit Hilfe des Verstandes erfasst, doch sicher diesen an Wert und Kostbarkeit nicht nachsteht. Diese Menschen werden vielleicht im Alltag die Erfahrung machen, dass in scheinbar unnützen Dingen, wie Lachen, Singen und Tanzen, unversehens der Sinn des Daseins aufblitzt. Ich finde: Der Körper ist wunderbar, denn er ist Geist.

Die einfache, ganz schlichte Anweisung des Lehrers ist nicht nur die schönste, sondern auch die beste. Jede/r Unterrichtende kann zu dieser Einfachheit und Klarheit jedoch erst kommen, wenn einmal eine objektive Grundlage da ist, die dann den persönlichen Gefühlsbereich zulässt. Ich teile die Meinung von B. Wosien, dass Tanz nicht etwas irgendwie Vernebeltes bzw. nicht nur Gefühl ist.

Häufig ist es so, dass z. B. die Tanzleiter / Tanzleiterinnen selbst nur Begeisterte sind, die ihre Begeisterung weitergeben wollen, ohne über das Wie recht Bescheid zu wissen. In den USA, Holland und Osteuropa ist z. B. der Volkstanzlehrer längst ein regelrechter Beruf, für den man sich durch ein mehrjähriges Studium qualifizieren kann. So gibt es dort schon seit vielen Jahren eine hochwertige Ausbildung für Volkstanzleiter. In zwei-jährigen part-time Kursen kann man ein staatlich anerkanntes Diplom erwerben. In der tanzpädagogischen Abteilung der Tanzakademie Rotterdam gibt es bereits seit 1985 die Möglichkeit, Volkstanz als Hauptfach zu studieren.

Mein Anliegen ist es, die Qualität des Tanzunterrichts in meinen Intensivseminaren, Aus- und Weiterbildungen zu verbessern, um immer mehr Menschen die Freude am Tanz zu vermitteln, eine Freude, die begründet ist in der Fähigkeit zu gemeinsamer Bewegung und eigenem Ausdruck. Wie kann man aber erwarten, dass ein schlechter Unterricht, bei dem die Tanzformen nicht klar werden und die Tänzer mit krummen Rücken ihre Füße anstarren, irgendein Gefühl für die Schönheit des Tanzes aufkommen lässt. Immer wieder betone ich, dass eine gute Körperhaltung, das Aufgerichtetsein, eine wesentliche Voraussetzung für gutes Tanzen ist und dass es wichtiger ist, Menschen das Tanzen als Tänze zu lehren. Das ist das höchste und schwierigste Ziel. Des Öfteren hörte ich von Bernhard Wosien die Klage: „Ein Saal voller Schritte und kein Tanz!“ oder aber: „Die tanzen wie Streichholzschachteln…“

„Der Tanz“, so Lukian von Samosata, „ist nicht nur ein Vergnügen sondern ein seelisch nützliches Tun. Er stellt anschaulich dar, was die innere Schönheit der Seele mit der äußeren Schönheit des Körpers gemeinsam hat.“ „Darum kann schön und richtig nur derjenige tanzen“, folgert er weiter, „der ein Kenner des Menschlichen ist. Denn der Tanz ist, wie es Lukian in drei Begriffen zusammenfasst: die Kunst des Nachahmens, die Ausdeuterin des im Geiste Verborgenen, das Fassbarmachen des Unsichtbaren.“[65]

Echtes Tanzen setzt Geist voraus und sittliche Formung. Und von der Tanzgebärde gilt, was der Ludimagister in Hesses Glasperlenspiel gesagt hat: „Eine Moral letzten Endes bedeutet jede klassische Kulturgebärde, ein zur Gebärde zusammengezogenes Vorbild des menschlichen Verhaltens.“[66]

Femke van Doorn bedauert, dass von vielen Tanzleitern zu wenig Hintergrundinformationen gegeben werden. Hierin unterscheiden sich nun viele Tanzleiter und Tanzleiterinnen vom „meditativen Tanz“.

Meist beherzigt man die Worte Goethe's:

Im Auslegen seid frisch und munter
legt ihr nicht aus,
so legt was drunter.[67]

Im Hinblick auf das Unterrichten von „Meditation des Tanzes – Sacred Dance“ und die Frage: ist pädagogischer Eros erlernbar oder vererbbar, möchte ich ein paar Gedanken von Bijan Khadem-Missagh zitieren:

Eines der Zeichen der Beziehung zur Geistigkeit ist die Freude, die den Zustand des Schöpferischen charakterisiert. [...] Freude ist ein Merkmal der Seele und Glück mobilisiert die Kräfte des Menschen. Geistige Ausstrahlung wirkt sich im materiellen Bereich aus. Die Fähigkeit, mit dem Herzen zu denken und mit seiner eigenen Seele Zwiesprache zu halten, hat zur Folge, dass geistige Dinge von innen wahrgenommen werden, die wiederum nach außen getragen werden können. Ein Ergebnis dieser Erfahrung ist eine innere Freude und ein Glücksgefühl, das gerne anderen mitgeteilt werden möchte.[68]

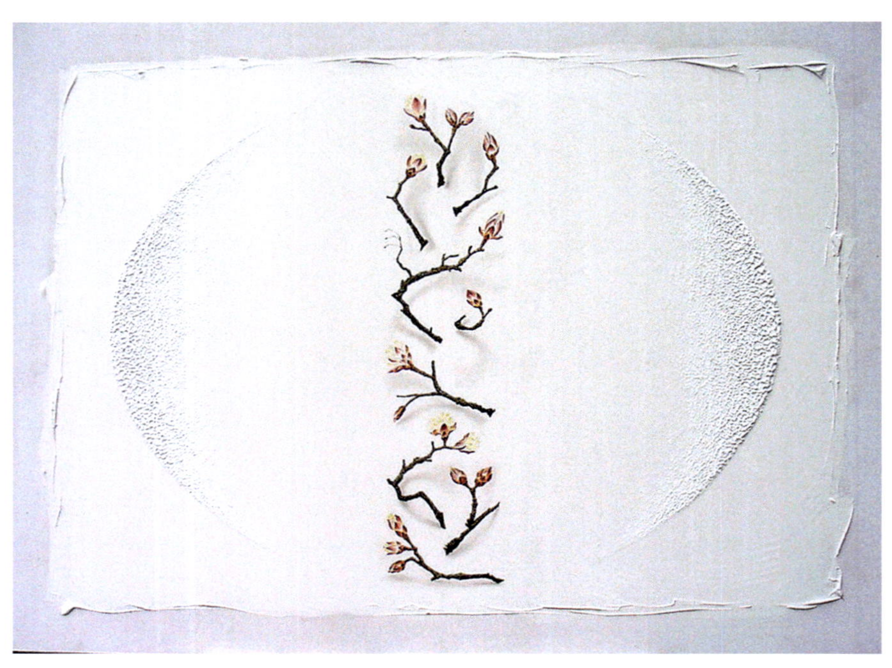

… das unveränderlich Gültige wechselt ständig seine Form.

Alfred Bast, Ahornknospen, 2002

Tanzschöpfungen

Warten auf den Kuss der Muse?

In seinem Buch „Der Weg des Tänzers“[69] schreibt Bernhard Wosien: „Der schöpferische Akt und die künstlerische Auseinandersetzung vollziehen sich in der Einsamkeit des intimsten seelischen Bereiches des Menschen. Jedoch niemand kann ein solch wesenhaftes Erlebnis willkürlich herbeizaubern oder erzwingen.“ Und an anderer Stelle: „Jedes Kunstwerk entsteht aus der Meditation, so auch der Tanz.“ – Auf diesem Hintergrund erklärt sich auch seine Aussage zum Danktanz, seiner letzten Choreographie: „Dieser Tanz ist mir geschehen.“

Ganz anders erlebte Isadora Duncan[70] den schöpferischen Prozess. Sie verbrachte viele Tage und Nächte damit, einen Tanz zu ersinnen, durch den das Göttliche im Menschen mittels der Bewegungen des Körpers in höchster Vollendung zum Ausdruck gebracht werden könnte. Stundenlang stand sie vollkommen regungslos, die Hände vor der Brust, über dem sympathischen Nervenzentrum, gefaltet, als befände sie sich in einem Trancezustand. Schließlich aber fand sie doch den Sitz aller Bewegung, die Triebfeder, die motorische Kraft, die Einheit, aus der die Vielfältigkeit des Bewegungskomplexes entspringt.

Für mich ist es völlig undenkbar, einen Tanz zu „ersinnen“. In erster Instanz inspiriert mich die Musik; sie bringt meine Seele und meinen Körper zum Klingen und Schwingen und spricht meinen Bewegungsdrang, meine Bewegungsfreude unmittelbar an. (Wie kann man z. B. einem Walzertakt widerstehen?) – Andererseits gibt es auch Musik, sehr häufig die klassische, die mich in eine Anderwelt entführt, Musik, bei der ich „ganz Ohr“ werde.

Zu meinem 25. und letzten Festival in Schloss Alteglofsheim (Ostern 2004) erschien meine zehnte CD mit Tanzanleitungen. Dort findet man z. B. die Tänze „Spiegel meiner Seele“ und „Ewige Gegenwart“. Die Lieder, gesungen von der Irin Deirdre NiChinneide, ließen mich aufhorchen und berührten mich. Da mir die Musik auch noch nach mehrmaligem Hören gefiel und mich die Titel: „Sacred Wind" (Ruach) und „Deus Meus" sehr ansprachen", begann ich zu tanzen. Immer wieder beobachte ich, wie ich dabei anfänglich innerlich leer werde. Ich lasse mich von der Musik führen und ganz allmählich entstehen innere Bilder, die ich tanzend zum Ausdruck bringe. Bei meinen Choreographien sind für mich Tanz, Musik und Dichtung aufs engste miteinander verknüpft. Die Einheit von Tanz und Musik galt auch in der griechischen Antike, aber sie wäre höchst unvollkommen gewesen, hätte sie nicht das dichterische Wort mit einbezogen.

Natürlich hat man bei Instrumentalmusik den größeren Spielraum und die meiste Freiheit im Hinblick auf Inhalt und Form eines Tanzes. Das (gesungene) Wort begrenzt, d. h. es bindet an vorgegebene Bilder und ist – neben Melodie, Takt und Rhythmus – richtungsweisend und mitbestimmend bei der Umsetzung in Bewegung, Gebärden und Raumformen etc. Es besteht ein großer Unterschied zwischen Tänzen, bei denen ich den Text wörtlich in Symbolsprache bzw. Körpersprache übersetze wie z. B. im Tanz „Bei Gott bin ich geborgen" (CD Meditation des Tanzes „Neuer Himmel – Neue Erde"), ob ich den Liedtitel aufgreife oder einen Gedanken, eine Aussage im Lied. – Wiederholt habe ich bei Liedgestaltungen von Tanzleiterinnen gesehen, dass die Gestik oft rein pantomimischen Charakter hatte. Hin und wieder fühlt man sich dabei ins Vorschulalter zurückversetzt, was jedoch nur wenige Menschen zu stören scheint.

Gerne möchte ich das oben angesprochene Leerwerden nochmals aufgreifen. Vor einigen Jahren begeisterte mich die Musik der portugiesischen Gruppe Madredeus auf Anhieb. Bei dem Titel „Milagre" (Liedtext: Ich warte, warte auf das Wunder der Liebe...) kamen mir eine Menge Ideen, und ich versuchte, diese im Tanz auszudrücken. Während drei Monaten blieben meine Versuche fruchtlos, bis ich erkennen musste, dass ich dem Tanz meine vielen Gedanken und Assoziationen anlasten wollte. Erst als ich im wahrsten Sinne des Wortes mit leeren Händen da stand, konnte das „Wunder" geschehen. (Die Arme sind bei diesem Tanz im ersten Teil seitlich auf Augenhöhe ausgebreitet, die Hände flex und beim zweiten Teil bilden die Hände auf der Höhe des Solarplexus eine Schale: empfangend, schenkend, dankend.)

Menschen, die die Vorstellung haben, man brauche beim Choreographieren nur auf den Kuss der Muse zu warten, dann ergäbe sich der Rest von alleine, muss ich enttäuschen. Ich erlebe ihn als Besiegelung eines Prozesses, sozusagen als Schlusspunkt.

C. G. Jung und Verena Kast äußern sich dahingehend, dass die Entfaltung von Kreativität nicht nur ein Teil der individuellen Sinnfindung ist, sondern zum Lebendigsein, zur Auseinandersetzung mit der inneren und äußeren Realität gehört. Kreativität wirkt auf den Kreativen selbst zurück, verändert ihn selbst schöpferisch. Das Ausleben und Ausgestalten kreativer Potentiale ermöglicht dem Individuum Selbstgestaltung und Selbstausdruck, Ausdruck des Unbewussten, gepaart mit Realisierungskraft des Bewusstseins.[71]

Sonnentanz

Musik: Johann Sebastian Bach,
Konzert für Flöte in a-moll, BWV 1056

Einer der ersten Kreistänze, die zu klassischer Musik entstanden, war der Sonnentanz. – Auch die Teilnehmer der Folkloregruppen wurden jetzt häufiger zu ruhigen Tänzen eingeladen. Manche waren jedoch brüskiert und wanderten ab. Für B. Wosien war Meditation des Tanzes die „méditation en croix", die Meditation des Kreuzes. Im Hintergrund stand dabei weitreichendes philosophisches Gedankengut, das Weisheitslehren aus ägyptischer, griechischer und christlicher Überlieferung mit einschloss. Jeweils erfand er neue Geschichten, Bilder, Deutungen und Interpretationen, die um das Thema Sonne kreisten, z. B.

Der Sonnentanz als Kreisen um die Mitte

Der Kreis gehört zu den ältesten Meditationsbildern, den Mandalas. Alle Punkte der Peripherie sind vom Zentrum gleich weit entfernt. Die Ausrichtung auf die Mitte zentriert den Betrachtenden. Bruno Dörig nannte es „Herzmitte und Randnähe."

Der Sonnentanz als tönende Pulsation – Atmender Kreis

Das Licht des Sonnen-Kreises schwingt und klingt. Dabei erleben wir ein Pulsieren nach innen und außen. Er bewegt sich wie der Atem, wie Wellen bei Ebbe und Flut oder wie der Ton eines Gongs.

Der Sonnentanz als Sonnen-Uhr des Gottes Apollon

Apollon ist nicht nur der griechische Sonnengott, sondern auch Gott der Orakel und Weissagung, der Künste und der Dichtkunst. Im Sonnentanz steht jede/r Tanzende auf einem der Strahlen, die die Zeitmaße Apollons symbolisieren. So wandert er unbeirrbar wie die Sonne einen ganzen Kreis. – Wir tanzen dem Licht entgegen, dem Sonnenaufgang. Mit unserer rechten Hand empfangen wir das Licht – die Parole des Gottes Apoll – und geben es an die linke Nachbarin / den linken Nachbarn weiter.

Eine Legende – Vortrag von Bernhard Wosien

Nacherzählt und bearbeitet von Friedel Kloke-Eibl

Die Flötenmelodie von Johann Sebastian Bach steht im Zusammenhang mit einer schönen Legende über die Flöten bei den Sufis. Die Flöte ist ja ein Rohr, durch das man atmen muss, sehr gekonnt, wissend atmen, und den Ton erzeugen. Und davon erzählt die folgende Sufi-Geschichte:

Ein Ordensmitglied der Mevlevi-Derwische wurde vom Meister, dem Sheikh, in einen anderen Erkenntnisgrad erhoben. Bei dieser „Erhebung" wurde ihm ein Geheimnis anvertraut. Er wurde beauftragt, über dieses göttliche Geheimnis Schweigen zu bewahren, zu meditieren und in diesem Geist zu leben, bis er zu höheren Graden erhoben würde.

– In jedem Orden gibt es ja Arkan-Disziplinen (von lateinisch arcanum = „Geheimnis"). Unter Arkandisziplin versteht man eine förmliche Verpflichtung des in ein religiöses Geheimnis Eingeweihten, dieses zu wahren. So wurden in der Spätantike vor Ungetauften die Taufe und das Taufbekenntnis, der Brauch des Abendmahls und das Vaterunser geheim gehalten. –

Nun hat dieses Geheimnis den Mönch sehr belastet. Er war schwach und konnte es nicht für sich behalten. Und so ging er in der Nacht zu einer Zisterne. Dort hinein, in die Tiefe, hat er das Geheimnis gesprochen: Aber nicht nur die Zisterne und nicht nur das Wasser in der Zisterne haben das Geheimnis gehört, sondern auch das Schilf, aus dem Flöten gefertigt werden. Wenn nun die Mevlevi abends tanzen und die Flöte erklingt, leuchtet in einem jeden das Geheimnis auf, das dem Ordensmitglied mitgeteilt wurde.

Und wenn wir nun den Sonnentanz zu dem Flötenkonzert von Johann Sebastian Bach tanzen, spricht Gottes Stimme durch die Flöte auch zu uns und erinnert uns an unser eigenes tiefstes Geheimnis und unseren Lebensauftrag.

Die zwölfte Zahl tanzt oben ...

Die meisten von Ihnen werden den Kalamatiano, einen der ältesten griechischen Tänze, kennen und lieben und vielen wird die Analyse dieses Tanzes von B. Wosien bekannt sein[73].

„Der Tanz besteht aus 12 Schritten. Die Zahl 12, die in der Zahlenmystik aller Völker eine große Rolle spielt, deutet auf den Ur-Raum, die zwölf Tierkreiszeichen, sowie auf das zwölf-geteilte Zifferblatt unserer Uhr, an dem wir unsere Zeit messen.

Der Kalamatiano hat also 12 Schritte, die deutlich in 4 mal 3 Schritte gegliedert sind. Die Zahl 4 gilt als Symbol für diese unsere Welt, in der wir leben. Das Kreuz und das Viereck sind die Bildgestalten der Vier. In der antiken Symbolik weist die 4 auf die vier Elemente: Feuer – Wasser – Luft und Erde, auf die vier Lebensbereiche: Mineralreich – Pflanzenreich – Tierreich und Mensch, auf die vier Mondphasen: Neumond, 1. Viertel, Vollmond, letztes Viertel sowie auf die vier Sonnenpositionen beim Tageslauf: Aufgang – Zenit – Untergang – Nadir als auch auf die vier Erzengel: Gabriel – Uriel – Michael – Raphael und die vier Jahreszeiten: Frühling, Sommer, Herbst und Winter.
Die Zahl 3 steht für die Harmonie und die Drei-Einheit. Ihre Bildgestalt ist das gleichseitige Dreieck.

Die Musik hat einen 7/8 Takt. Die Zahl 7 steht für die sieben Himmel, für die Planetensphären, die Zahl 8 für die Oktave als Grenzwert der Tonleiter und für den Neuanfang auf einer anderen Ebene. Die Zahl 8 ist ebenfalls Sinnbild für die Unendlichkeit.

Beim Tanzverlauf der 4 x 3 Schritte geschehen 4 Richtungswechsel. Man tanzt der Sonne entgegen. Bei den ersten drei Schritten wenden sich die Tanzenden rückwärts, bei den nächsten drei Schritten vorwärts, während der nächsten drei Schritte machen sie (nach außen) eine Spiralwendung in die Tiefe und bei den letzten Schritten wenden sie sich zum Mittelpunkt des Tanzkreises, die Spiralwendung geht ins relevé. In der Raumachse, der Horizontalen des Kreuzes gilt die weise Lebensregel: Rücksicht nehmen und Vorsicht üben; in der Zeitachse, der Vertikalen, geht es darum, Einsicht zu haben (woher komme ich?) und Übersicht zu behalten (wohin führt mein Weg?) Diese Häufung symbolischer Messwerte im Aufbau des Tanzes verrät seinen kultischen Ursprung."

Hier nun tat sich mir eine völlig neue Welt auf: die Welt der Zahl. Es begann eine wundervolle Zeit des Forschens und Entdeckens der Zahlengeheimnisse. Am eingehendsten befasste ich mich mit der Zahlenlehre von Pythagoras und mit der Kabbalah. Zu meiner Lektüre gehörten vor allem die Bücher von Ernst Bindel „Die geistigen Grundlagen der Zahlen", „Die Zahlengrundlagen der Musik", Bücher von Erich Bischoff „Mystik und Magie der Zahlen", „Die Elemente der Kabbalah", Vorträge und Bücher von Friedrich Weinreb.[74]

„Der Du die Welt bewegst...“

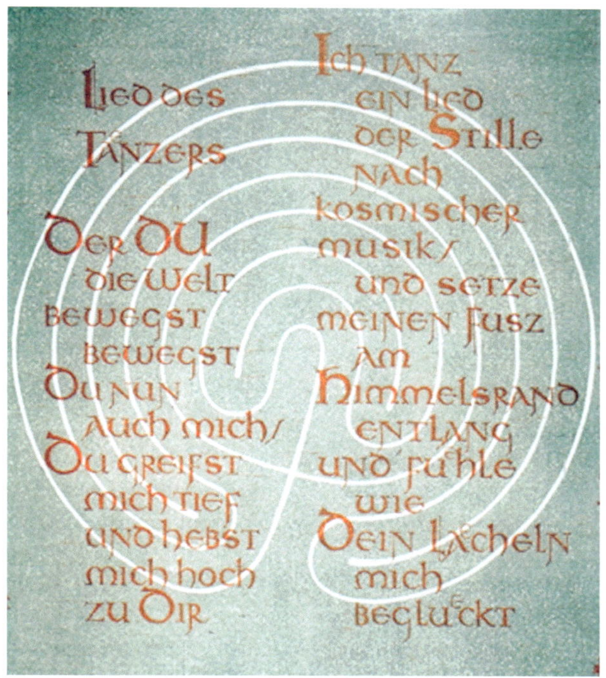

Der Du die Welt bewegst,
Bewegst Du nun auch mich.
Tief greifst du mich
Und hebst mich hoch zu Dir
Ich tanz' ein Lied der Stille
Nach kosmischer Musik
Und setze meinen Fuß
Am Himmelsrande hin
Und fühle,
Wie Dein Lächeln mich beglückt

Bernhard Wosien

Zu meinem 60. Geburtstag hat Uli Führe dieses Gedicht von B. Wosien für mich vertont. Die Gruppe der Lehrbeautragten sangen für mich diesen 3-stimmigen Kanon. Das war mein schönstes Geschenk.

Musik:	Uli Führe
Text:	Bernhard Wosien
Takt:	3 /4
Ausgangsstellung:	Geschlossener Flankkreis
Handhaltung:	V-Haltung

Takt	**Zählzeit**	
1	1 - 3	1 Walzerschritt in TR, rechter Fuß beginnt
2	1	Schritt mit links nach außen (plié) – dabei zur Mitte wenden
	2	Schritt mit rechts zur Mitte
	3	linker Fuß schließt an in die 1. Position
3 - 6		Takt 1 + 2 wird dreimal getanzt
7		1 Walzerschritt zur Mitte
8		Schritt auf linken Fuß, rechts schließt an, relevé < Arme hochführen >
9 - 12		4 mal Schritt Tipp in TR, rechter Fuß beginnt < rechten Arm auf die Außenschulter der Tanznachbarin / des Tanznachbarn, linken Arm nach unten führen >
13 - 16		mit 4 Walzerschritten schräg nach außen zur Kreislinie tanzen < Arme nach dem 3. Takt allmählich zurück zur V-Haltung und durchfassen >
17 - 20		4 mal Schritt Tipp in TR, rechter Fuß beginnt
21 - 24		Takt 1 + 2 zweimal tanzen

Zahlensymbolik

„Göttinnen thronen hehr in Einsamkeit, um sie kein Ort, noch weniger eine Zeit.“ (Minkowski, ein Mathematiker hat dieses Zitat Goethes auf die Zahlen angewandt, s. Ernst Bindel „Die geistigen Grundlagen der Zahlen.“[75]

Der Tanz hat eine Länge von 24 Takten im Dreivierteltakt. Für mich beginnt der Tanz eigentlich mit der Aussage: „und fühle wie Dein Lächeln mich beglückt“ und endet mit: „und hebst mich hoch zu Dir.“

…und fühle wie DEIN Lächeln mich beglückt	4 Takte	= 2 Basisschritte 1 Walzerschritt / links tief rück in die 4. Position – rechts vorn aufsetzen – links schließt an –
Der DU die Welt bewegst bewegst DU nun auch mich. Tief greifst DU mich	6 Takte	= 3 Basisschritte Insgesamt: 5 Basisschritte
und hebst mich	11. Takt	= 10 Takte zur Mitte
hoch zu DIR	12. Takt	Die Zahl 11 ist u. a. auch die Zahl der Spiritualität und der Mystik.
ICH tanz ein Lied der Stille nach kosmischer Musik und setze meinen Fuß am Himmelsrande hin	12 Takte (ICH-Aussage)	Relevé Mitte: 4 mal Schritt Tipp nach außen: 4 Walzerschritte Kreislinie: 4mal Schritt Tipp

Freundschaftstanz

Entstehung und Hintergründe

Der Anlass, einen Tanz zum Thema Freundschaft zu choreographieren, waren die sonntäglichen Agape-Feiern in DEMIAN – Instituut in Beweging in den Niederlanden – die ich zusammen mit einem früheren Priester zu verschiedenen Themenkreisen wie z. B. Verbinden – Loslassen (Onthechtingsdans / Verbindungstanz) Freundschaft etc. zweimal monatlich gestaltete.

Mein zweiter Beweggrund, einen Tanz zu kreieren, war eine Anregung Bernhard Wosien's. Er wollte in einer Tanzschöpfung sehen und prüfen, ob ich das bisher in seinen Vorträgen Gehörte und in Gesprächen Vertiefte verstanden hatte und im Tanz, der wortlosen Sprache, zum Ausdruck bringen konnte.

Von daher ergaben sich im Freundschaftstanz, meiner ersten Tanzschöpfung (1981), selbstredend die drei Ballett-Positionen (Lehrling – Geselle – Meister), der Drei-Stufenweg. Außerdem fand meine Auseinandersetzung mit der Zahlensymbolik hier ihren Niederschlag.

Ich choreographierte den Tanz zur Musik von A. Vivaldi „Cum dederit' (Seinen Freunden gibt er es im Schlaf.) aus Nisi Dominus. Es schien mir bezeichnend, dass dieses Musikstück 46 Takte hat (Quersumme = 10 = 1). Bei Plato war die Eins Ausdruck der höchsten Idee. Sie findet sich in allen Dingen und ist gleichsam die Göttermutter aller Wesen. Sinnbild für die Eins ist auch der Kreis. Ein Ausspruch von Ambrosius besagt: „Das Bild des Kreises bedeutet, von sich ausgehen und zu sich zurückkehren."

Den Tanz habe ich in 11 Bewegungsbildern choreographiert. 11 Takte stehen wir, ehe der Tanz mit dem Einsatz des Gesanges beginnt. Über die Zahl 11 findet sich nicht viel in der Literatur. Z. B. ergibt sich die Zahl elf im Traum Jacob's dadurch, dass immer eines der zwölf Sternbilder hinter der Sonne steht, also verdeckt ist.

Die 11 wurde als Grenzüberschreitung empfunden, als Zahl der Unvollkommenheit: Es fehlt ihr einer zur 12, der kosmischen Zahl, und einer ist zu viel, wenn man von der geschlossenen Zahl 10 ausgeht. (Bei den Pythagoräern galt der Zehn als Summe der ersten 4 Zahlen die höchste Verehrung.)

Bei Otto Betz fand ich folgende Textstelle: „In der Astrologie wird das elfte Haus auch das Freundschaftshaus genannt. Es bestimmt aber auch allgemein das Verlangen nach Beziehungen, nach der Geborgenheit in Gruppen. Geistige Beziehungen müssen gestiftet werden, sie setzen die Ablösung vom Elternhaus voraus. Freundschaften fördern die individuelle Entfaltung und wecken die bisher noch brachliegenden Kräfte."

Die Quersumme von 11 ist die Zahl 2. Die Zweiheit beinhaltet Differenzierung (auch Zweifel, Zwiespalt, Zwist und Zwietracht). Da sie das Einheitliche, das Ganze spaltet und trennt, erscheint sie unter negativem Vorzeichen. Dann erweist sich die Zwei jedoch als eine Zahl der sinnvollen Entfaltung und als Zahl, die auf Begegnung und Versöhnung des bzw. der Getrennten hinweist.

Damit war mir das Thema klar vorgegeben: Freundschaft schließen mit mir selbst, mit anderen Menschen und mit allem, was lebt. (... „Da kann der Mensch, wie es ihm vorgeschrieben, – weil er sich selber liebt – den Nächsten lieben. (Mascha Kaléko) und gleichzeitig war der Name des Tanzes geboren: FREUNDSCHAFTSTANZ.

Der Tanz dauert 33 Takte. Hier besteht ein Zusammenhang mit der Ausführung von Otto Betz über Dante's Göttliche Komödie. Diese ist in drei Büchern mit jeweils dreiunddreißig Gesängen untergliedert. Mit diesem Einteilungsschema wollte Dante einen Einweihungsweg kennzeichnen.

Die Zahl 12 war von Anbeginn auch die Zahl des Schicksals und in vielen alten Kulturen die Zahl der Vollkommenheit. Wenn auch diese Vollkommenheit, wie Goethe sagt, ein Ziel ist, das stets entweicht und nur erstrebt werden soll und nicht erreicht, so reichen wir uns – wenigstens am Schluss des Tanzes – beim 12. Takt die Hände.

Tanzanleitung

Musik: A. Vivaldi – Nisi Dominus (Cum dederit… .)
Takt: 12 /8
Ausgangsstellung: Nicht durchgefasster Frontkreis, 1. Position
Introduktion: 11 Takte
Beginn: Mit Solostimme

Psalm 127:
cum dederit dilectis suis somnum … denn seinen Freunden gibt er es im Schlaf

---

Freundschaft schließen mit mir selbst	Choreographie: Innenkreis
4 Schritte zur Kreismitte, rechts beginnt 4 Schritte rückwärts, rechts beginnt	4 Schritte rückwärts 4 Schritte zur Mitte
Ich öffne mich *Port de bras mit rechtem Arm*	port de bras, in GTR drehen *(Arm schalenförmig zur Mitte)*
Mein Schicksal annehmen und meinen Weg gehen	
4 Schritte in TR, rechts beginnt (5. Schritt = 2. Position) *Port de bras mit linkem Arm*	4 Schritte in GTR *port de bras mit linkem Arm (Zz 1)* *la couronne (Zz 2) – Drehung (Zz 3)* *Arme öffnen (Zz 4)*
4 Schritte in GTR	4 Schritte in TR
Mich sammeln und innehalten *Arme langsam senken, rechts beginnt*	*Arme langsam senken*
Freundschaft schließen mit **anderen Menschen**	
einander die Hände reichen und mit 4 Schritten zur Mitte	2 Schritte zurück – *Kreise verbinden* und 2 Schritte vor
4 Schritte rückwärts, rechts beginnt	2 Schritte zurück – *Hände loslassen* 2 Zeiten stehen
Freundschaft schließen mit allem **was lebt, mit allem was ist**	
auf der Kreislinie stehen (3. Position) – demi plié – > *großer Armkreis mit* *beiden Armen* <	< großer Armkreis mit beiden Armen <

insgesamt 3 Mal tanzen

Zum Schluss: aufeinander zugehen –
< einander die Hände reichen <
und dann miteinander zur Mitte gehen

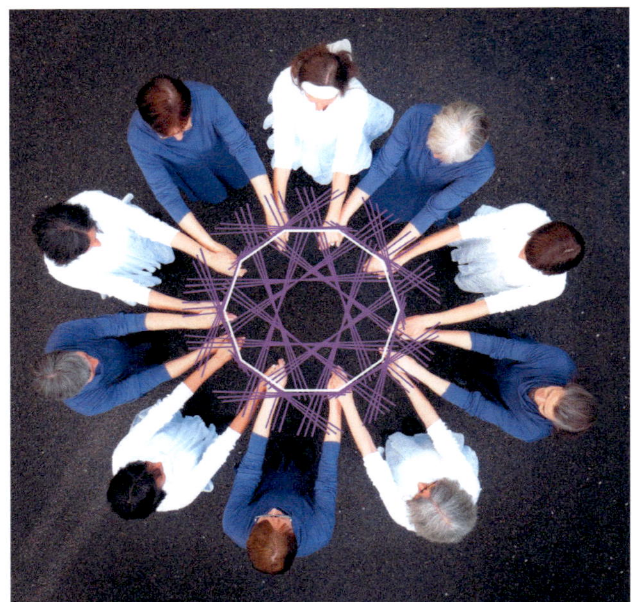

Abb. 1

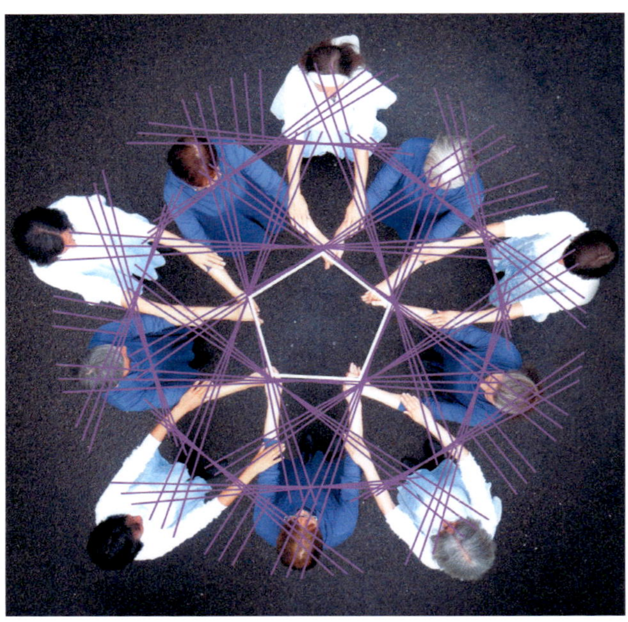

Abb. 2

Tanz der Frauen

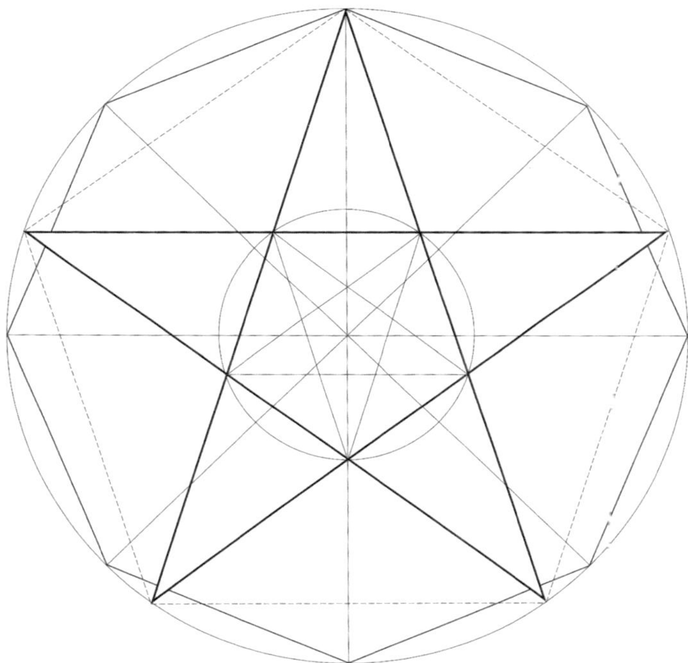

Zeichnung Bernhard Wosien

Im Jahre 1977 choreographierte B. Wosien in Findhorn den Tanzzyklus „Pentagon". Dabei tanzten 5 Männer ein Pentagramm und danach 10 Frauen einen Kreistanz.* Als ich später beim genauen Hinhören erkannte, dass die Musik 4er und 5er Phrasen hat, entstanden vor meinem inneren Auge geometrische Formen. Ich erinnerte mich an die komplexe Symbolzeichnung von B. Wosien und habe sie im Tanz der Frauen in Bewegung umgesetzt.

* Die Tänzerinnen legen die rechte Hand auf's Herz und bewegen sich diagonal (R – L) zur Mitte, gegen den Uhrzeigersinn und bilden einen Innenkreis. Dann umschreiten die Tänzerinnen mitsonnen in einer leichten Zickzack-Bewegung (synchron) den Kreis mit dem Basisschritt: Schritt mit rechts – dabei nach außen wenden –, Retiré á la seconde mit links (Fuß hoch anziehen gegen das rechte Bein), Schritt mit links – dabei nach innen wenden – Retiré á la seconde mit rechts. Die Tänzerinnen kehren zurück zu ihren Partnern und verbeugen sich. Danach reicht man sich die Hände und bildet 5 Trios.

Musik: Douce Dame jolie
Takt: 4/4
Ausgangsstellung: Flankkreis von 10 Tänzerinnen – in Paaren
Handhaltung: V-Fassung
Vorspiel: 4 Zeiten

Takt	Zählzeit		
A-Teil		Kreis und Oktogon	
1	1 - 4	2 Schritte in Tanzrichtung (= TR), rechter Fuß beginnt	
2	1 - 2	Schritt mit rechts	
	3 - 4	links ran, auf beiden Füßen erheben (relevé) und wieder senken	
	3 - 6	Takt 1 zweimal wiederholen	
7	1 - 4	2 Schritte in TR, rechter Fuß beginnt	
8	1 - 2	Schritt mit rechts	
	3 - 4	links ran, auf beiden Füßen erheben – dabei mit ¼ Drehung zur Mitte wenden und senken	
B-Teil		doppelter Fünfstern (5 x Schritt – Tipp zur Mitte):	
1	1 - 4	Schritt mit rechts zur Mitte, links Tipp	
2	1 - 4	Schritt mit links zur Mitte, rechts Tipp < *Arme dabei nach vorn strecken* >	
		linke Partnerinnen	rechte Partnerinnen
3	1 - 4	großen Schritt mit rechts, zur Mitte, Tipp mit links < *Hände verbinden zum 5-STERN* >	Schritt mit rechts, Tipp mit links – Arme gestreckt < *Hände auf die Schultern des inneren 5-STERNS* >
4	1 - 4	Schritt mit links, Tipp mit rechts	
5	1 - 4	Schritt mit rechts, Tipp mit links	
6 - 10		5 x Schritt und Tipp rückwärts zur Kreislinie < *Arme bleiben gestreckt* > aus dem doppelten Fünfstern wieder einen Kreis entstehen lassen	

Takt Zählzeit

A-Teil

1 - 8 Wiederholen

Takt	Zählzeit		
C-Teil	(B-Musik = 10 Takte)		
		<u>linke Partnerinnen</u>	<u>rechte Partnerinnen</u>
		einzeln Pentagramm	zu 5. zum Fünfstern
1	1 - 4	1) Schritt mit rechts schräg rückwärts, links ran	Schritt mit rechts zur Mitte, Tipp mit links,
2	1 - 4	2) rechts kreuzt über links, schräg vorwärts, links Tipp seit	Schritt mit links zur Mitte Tipp mit rechts
3	1 - 4	3) linker Fuß kreuzt seit (in TR) vor rechts, rechts Tipp seit	Schritt mit rechts zur Mitte, Tipp mit links
4	1 - 4	4) Schritt mit rechts schräg rück, kreuzend hinter links, links ran	Schritt mit links zur Mitte, Tipp mit rechts
5	1 - 4	5) Schritt rechts schräg vor zur Mitte, links ran	Schritt mit rechts zur Mitte, Tipp mit links
		Diese Gruppe tanzt jetzt – jede einzeln – das Pentagon	Diese Gruppe tanzt jetzt in 10 Zz – jede einzeln – das Pentagramm
6	1 - 4	über rechte Schulter mit Schritt rechts nach außen beginnend, Tipp mit links	
7 - 10		noch 4 x Schritt – Tipp	

Takt Zählzeit
D-Teil Achtstern
(Die linken und rechten Partnerinnen tanzen umeinander = Do-sa-do)

Takt	linke Partnerinnen	rechte Partnerinnen
1	links kreuzt vor rechts Tipp mit rechts – schräg außen vor	rechts kreuzt hinter links Tipp mit links – schräg rück nach außen
2	rechts kreuzt vor links Schritt mit links schräg vor nach links	links kreuzt hinter rechts Schritt mit rechts schräg rück nach rechts
3 - 4	wie Takt 1 und Takt 2 der rechten Partnerinnen Linke Partnerinnen = Außenkreis	wie Takt 1und Takt 2 der linken Partnerinnen Rechte Partnerinnen = Innenkreis
5	2 Schritte in TR, mit links gekreuzt vor rechts beginnen	2 Schritte in GTR, mit rechts gekreuzt vor links beginnen
6	1 Schritt in TR mit links rechts ran, auf beiden Füßen erheben, zur	1 Schritt in GTR mit rechts links ran, auf beiden Füßen erheben und
7	Mitte wenden und wieder senken	senken
8	mit 2 Schritten: zur Mitte *Arme nach vorn strecken<*	mit 4 Schritten Drehung über rechte Schulter nach außen *< durchfassen und Arme nach vorn strecken <*

Innenkreis und Außenkreis verbinden sich zum doppelten Fünfstern

Signatur der Sphären

Mensch, Musik und Kosmos
Hartmut Warm

Aufbauend auf den früheren Vorstellungen zur Sphärenharmonie (Pythagoras, Johannes Kepler, Rudolf Steiner) erforschte Hartmut Warm die Bewegungen der Planeten auf der Grundlage moderner astronomischer Verfahren. Seine Darstellungen von Planetenbeziehungen zeigen kosmische Ordnungsgesetze in geometrischen Bildern und archetypische Figuren von großer Schönheit.

Seit Jahrtausenden lebt in der Menschheit die Idee, dass in unserem Sonnensystem eine geheimnisvolle Ordnung – sei sie mathematisch-geometrischer oder harmonisch-musikalischer Natur – verborgen ist. Pythagoras war von einer Sphärenmusik überzeugt, Platon brachte die Anordnung der Himmelskörper mit bestimmten Zahlen in Verbindung. Vor allem Johannes Kepler war es dann, der am Beginn der wissenschaftlich geprägten Neuzeit richtungsweisende Gedanken zur „Welt-Harmonik“ entwickelte und versuchte, sie mit Hilfe der von ihm entdeckten Planetengesetze auf ein exaktes Fundament zu stellen.

Seit langer Zeit ist bekannt, dass die Bewegungen der Erde und der Venus in einem sehr ungewöhnlichen Verhältnis zueinander stehen. Es ist daher einigermaßen verwunderlich, dass man in fast keinem Astronomiebuch etwas über das Pentagramma veneris erfährt. Die Liebesgöttin Venus (der Planet) zeichnet mit der Erde das Bild einer fünfblättrigen Rose.

In der nachstehenden Abbildung ist die Bewegung der Erde aus Sicht der Venus über einen Zeitraum von fast exakt 16 Jahren (zwei Konjunktionsperioden) aufgezeigt. Die im inneren und äußeren Bereich angedeuteten Fünfsterne (es sind jeweils zwei leicht gegeneinander versetzte Sternfiguren) markieren dabei die Positionen von Erde bzw. Venus bei den Konjunktions- und Oppositionsstellungen der beiden Planeten.

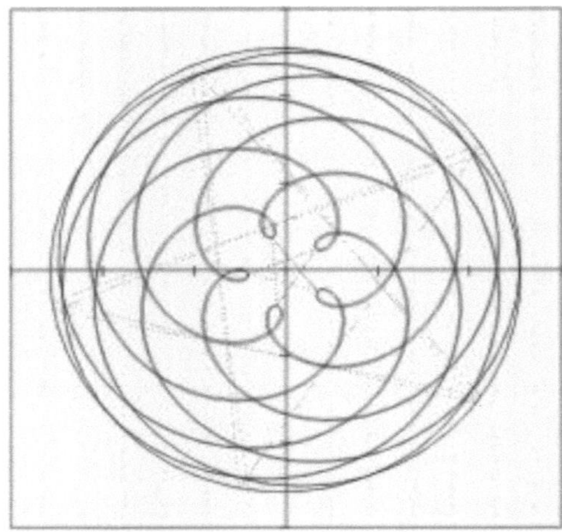

In der Choreographie von Friedel Kloke-Eibl „Tanz der Frauen“ wird eine geometrische Verwandlung in Szene gesetzt. Ein Zehneck wird durch die fortlaufende Bewegung der Tänzerinnen in ein Fünfeck bzw. einen Fünfstern transformiert, welches schrumpft und immer kleiner wird, bis es schließlich verschwindet und ein Stern aus zehn Strahlen erscheint (Abbildung 1, S. 124).

Haargenau die gleiche Transformation entdeckte Hartmut Warm (ohne den Tanz seinerzeit zu kennen) in einer astronomischen Beziehung, einem Tanz der Planeten also. Beteiligt sind die Venus, die Erde, die um die Sonne umlaufen, und die Venus Rotation. Jedes Mal, wenn ein Venustag vergangen ist (116,75 unserer Tage), d. h. also ein definierter Punkt auf der umlaufenden und rotierenden Venus wieder auf die Sonne gerichtet ist, wird eine Verbindungslinie zwischen den beiden Planeten gezogen und in der Ekliptikebene aufgetragen. Dabei ergibt sich ein Rhythmus von 25 Linien, der sich dann leicht versetzt wiederholt.

In der Abbildung 2 (S. 124) in der diese Linien über die entsprechenden Tanzbilder gelegt sind, sieht man je 3 solcher Zyklen. Durch die Drehung verwandelt sich auch hier im Laufe der Zeit die geometrische Konfiguration, ebenfalls vom Zehneck zum Fünfeck, dem sterbenden Pentagramm und zum Zehnstrahl (und wieder zurück, das Pentagramm wird also wiedergeboren etc.). Im Kosmos dauert der Gesamtzyklus ca. 1100 Jahre.

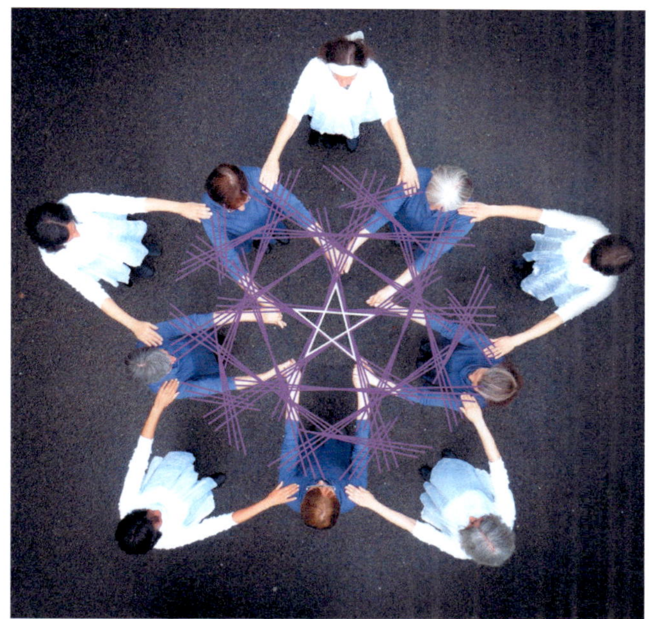

Abb. 3

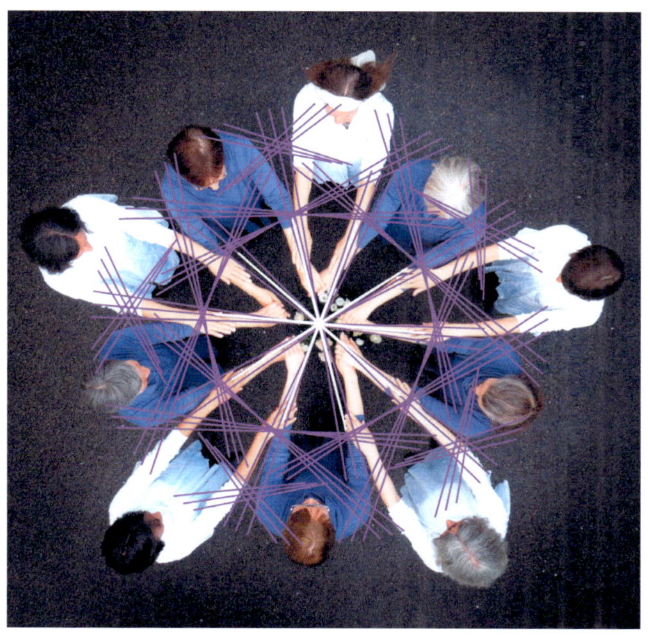

Abb. 4

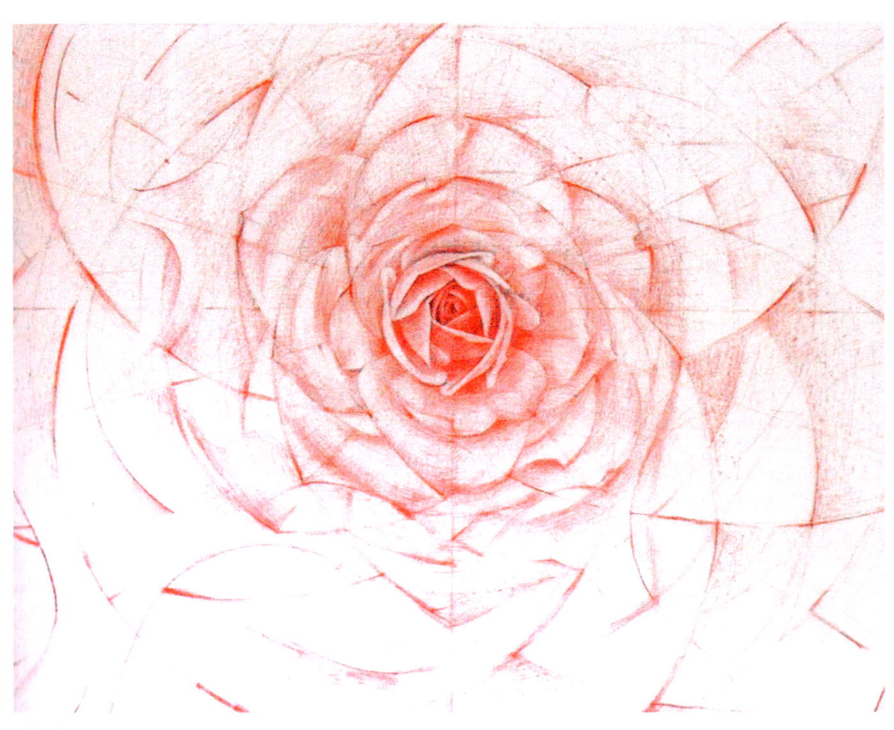

Alfred Bast, Rose, 2000

Vom Geheimnis der Rose

Über vielen Portalen christlicher Kirchen finden wir die Sonnenrose, die häufig als zwölf-strahliger Stern gestaltet ist.

... So griffen einstmals aus dem Dunkelsein
der Kathedralen große Fensterrosen ein Herz
und rissen es in Gott hinein.

R. M. Rilke[75]

Wie Sterne, nach denen man sich richten kann, scheinen die Rosenfenster in das Kirchenschiff und führen durch das Labyrinth des Lebens. So ist z. B. die sechsblättrige Rose im Labyrinth von Chartres das symbolische Spiegelbild der Fensterrosette. Als mich vor vielen, vielen Jahren B. Wosien auf die Schriften von Friedrich Weinreb aufmerksam machte, las ich u. a. im Büchlein „Vom Geheimnis der Rose": „Die Rose, die Ur-Blume, heißt im Hebräischen „Schoschana". Dieser Name enthält das Wort „schesch" = sechs. Nach uralter Überlieferung ist der sechsstrahlige Stern, das Hexagramm, das „Salomonische Siegel". Die beiden Dreiecke vereinen Himmel und Erde, die unsichtbare und die sichtbare Welt.

Diese mystische, die verborgene Rose hat 12 Blütenblätter wie die 12 Monate im Jahr, und zwar abwechselnd ein weißes und ein rotes Blatt. Bei der Zwölfheit ist gemeint, dass es hier um die kosmische Ordnung der Schöpfung geht. Aber das Jahr hat mehr als 12 Monde, da das Mondjahr 12 Tage kürzer ist als das Sonnenjahr.

Von daher wird von der mystischen Rose gesagt, dass sie auch ein dreizehntes Blatt hat, was symbolisch so viel bedeutet wie: In jedem Leben gibt es etwas Dreizehntes, d. h. ein Göttliches. Ein jeder Mensch verspürt Sehnsucht nach diesem göttlichen Geheimnis, und er weiß, dass er ihm nur näherkommen kann, indem er sein eigenes, oft tief verborgenes Geheimnis entdeckt. – „Die Rose, die Blume, die Gott erfreut, hat Dornen, die das Geheimnis bewahren. Das Hohelied spricht z. B. von der „Rose von Scharon" und vergleicht die Geliebte einer „Rose zwischen Dornen". Die „Dornen" verhindern, dass man in ihr Geheimnis eindringt.

Mystische Rose

Immer wieder neu
verströmend
entfaltet sich
das Geheimnis der Rose
im Kranz der Dornen

Anne zur Linden[76]

Fast zeitgleich schenkte mir eine Kursteilnehmerin die ersten Kassetten mit Taizé-Gesängen. Auf ganz besondere Weise berührte mich das Mantra „Laudate omnes gentes“ (Lobsingt, ihr Völker alle, lobsingt und preist den Herrn) und inspirierte mich zu dem Tanz Rosette (Sonnenrose, Fensterrose). Zum Lied: „O Christe Domine Jesu“ kreierte ich „Die Dornenkrone“.

Rose

Wenn Zeus den Blumen eine Königin hätte geben wollen, so würde er gewiss nur die Rose dieser Ehre für würdig geachtet haben. Sie ist eine Zierde der Erde, die Krone der Blumen, der Abglanz des Schönen. Sie ist der Liebe voll, im Dienste der Aphrodite.

Achilles Tatios[77]

Die natürliche Anordnung der Kelchblätter der Rose ist fünfteilig, deshalb sieht man darin eine Entsprechung zum Pentagramm. In den antiken Kulturen war die Rose den jungfräulichen und mütterlichen Göttinnen zugeordnet, z. B. der Aphrodite (von den Römern mit Venus gleichgesetzt) und Isis. Später wurde die Rose die Symbolblume Mariens. „Die Rose, Botin vom Seelengarten, spricht die Sprache der Liebe, der Harmonie und der Schönheit.

Die Rose ist jedoch nicht nur das Symbol für die irdische Liebe, sondern auch für die Gottesliebe. Was in unserem innersten Garten geschieht, kann nur im Symbol ausgedrückt werden – und am innigsten wohl im

Symbol der Rose. Die Rose ist auch Sinnbild für Zeit und Ewigkeit – ihre Dornen sprechen vom Leid in und an der Zeit, ihre Blüte kündet von Glück und himmlischer Vollkommenheit."

Der Tanz „Die Rose" entstand nach der Lektüre des von William Butler Yeats[78] veröffentlichten Buches „The Secret Rose" (1897, Die geheime Rose). Dieser Band enthält eine Erzählung mit dem Titel „Rosa Alchemica". Der Erzähler wird von einem Freund aufgefordert, sich an einer Kultstätte in einen mystischen Orden einweihen zu lassen. Er wird dort auf seine Initiation vorbereitet und muss dabei die Schritte eines sehr alten Tanzes lernen, denn „das Rad der Ewigkeit ist Rhythmus." Schließlich wird er an eine „kleine Pforte" geführt (Der Fünfstern ist eine Pforte zur Erkenntnis, sie öffnet sich im Tanz, der Meditation ist.)

Die Tür geht auf und er betritt einen großen, kreisrunden Raum, in dem Männer und Frauen, einen gemessenen Tanz aufführen. An der Decke befindet sich eine ungeheure Rose in Mosaik. Er sieht nun, wie sich die Figuren des Tanzes ineinander schlingen und sich wiederum lösen und auf dem Boden die Umrisse von Blumenblättern nachzeichnen, Abbild der Rosenblätter über ihren Häuptern...

Die Musik (Menuett von Händel) hat einen 6er-Takt. Wir tanzen mit 5 Schritten halbrund nach außen – bei der 6. Zeit stehen wir in der ersten Position. Wenn wir nach innen tanzen, erheben wir uns auf der 5. Zeit (relevé) und wenden uns in Tanzrichtung. Bei den Gebärden spielt die Zahl 12 eine wesentliche Rolle, beim Rückwärtstanzen: la couronne (5. Position) - 4. / 2. und 1.), beim nach innen tanzen 3. / 4. /5. Position.

Auf dem Rosenpfad

Dass die Rose dir zum Beispiel werde!
Sonne, Tau und süßen Wind vom Osten,
allen Glanz und alles Glück der Erde
weiß sie frei und unbesorgt zu kosten.
Des Propheten Weisheit braucht sie nicht:
Denn sie lebt ja so, wie jener spricht.

Hafis[79]

Die Rose, das sichtbare Lächeln des Himmels, wurde nicht nur zum Sinnbild für das innerste Geheimnis des Herzens sondern auch zum Sinnbild für Erkenntnis und Erleuchtung.

Das Geheimnis der Blüte ist das Licht, denn jede Blüte beschreibt einen Weg zum Licht und wird daher dem Menschen zum Sinnbild für sein eigenes Dunkel- und Lichterleben, der Erfahrung des stirb und werde.

Die Rose, die die Kreuzfahrer einst aus dem Heiligen Land mitbrachten, symbolisierte die Lehre, wie man die inwendige, fünfblättrige, die Pentagramm-Rose zur Entfaltung bringen kann, und zwar auf dem 7-fältigen „Rosenpfad". Bei den ersten 3 Stufen dieses Pfades handelte es sich um die 3 ersten Lebensphasen. Auf der 4. Stufe sollte man Mitgefühl für die Mitmenschen entwickeln und sich ihnen helfend zuwenden. Bei den weiteren Stufen galt es, das dritte Auge zu öffnen, Verzicht zu üben und das Herz mit Dankbarkeit und Freude zu erfüllen. Der Kern der Lehre war, das „Wissen des Herzens" zu entfalten und zu leben. Vermittelt wurde den Menschen: „Man muss den Weg gehen, wenn man wissen will, was der Weg ist. Man muss selber erblühen, um zu wissen, was eine Rose ist." Aber: Der Vorgang des Lernens und der „Einverleibung", des Geistigen ist kein Schnellverfahren.
(n. Inge von Wedemeyer[80])

Im Liebesgarten des Dante, im Paradies seiner „Göttlichen Komödie", das wie eine Rose angelegt ist, reicht die himmlische Geliebte dem Dichter bei seiner Ankunft im innersten Kreis eine Rose. Die Rose, so sagt Dante, ist ein Sinnbild „jener Liebe, die die Sonne und die anderen Sterne bewegt.

Rosen blühen und vergehen hier in der Welt,
aber die Rose als Symbol ist ewig.

Der Tanz Kyrie und seine Symbolik

Griechisch war die Sprache der ersten Kirche. Kyrios – das ist der Herr. Kyriake – das sind die Menschen, die zu jemand gehören, der stark ist und Zuwendung und Schutz gewährt, Menschen, die auf ihn hören Für alles religiöse Leben ist die Fähigkeit des Menschen hinzuhören und „auf"-zuhorchen entscheidend. Beim Miterleben der kultischen Gebete etwa gilt es, im äußeren Wort das innere Wort zu finden durch das Hineinhören. Meine Ant-Wort auf das Wort Gottes ist, Verant-Wort-ung tragen zu wollen.

Kyriake – daraus ist das Wort Kirche / church / Kerk geworden. Kyriake ekklesia, das ist ein Raum, ein Lebensraum: Temenos, der heilige, geweihte Bezirk des Tempels, ein Raum, in dem Gott erfahrbar werden kann. Dieser Raum ist in uns und um uns.

Der Ruf stammt aus der Liturgie der griechisch sprechenden Ostkirche – dort war er Einwurf der Gemeinde in den großen Litaneien (Fürbitten) – und wurde um 500 unübersetzt in die römische und danach in andere westliche Liturgien übernommen. „Kyrie eleison" war in vorchristlicher Zeit ein gebräuchlicher Huldigungsruf für Götter und Herrscher. Im spätantiken Hofzeremoniell wurde der Kaiser mit diesem Ruf begrüßt, wenn er den Raum betrat. Die Juden der griechisch sprachigen Diaspora hatten den Kyrios-Titel auf den Gott Israels bezogen (als Übersetzung für Adonai „Herr). In der öffentlichen Akklamation und dem Bekenntnis des Kyrie zu Beginn der Eucharistiefeier setzten die Christen sich betont vom Kaiserkult und vom Kult anderer Götter ab. Sie übernahmen ihn als Begleitgesang an den unsichtbar anwesenden Gott beim Einzug zum Gottesdienst. Es geht also nicht um Sündhaftigkeit und Buße sondern um das Aufgerichtet werden zu Würde und Selbstbewusstsein.

Die Alternativform Christe eleison (Christus, erbarme dich!) entstand in Rom. Es entwickelte sich eine bis zu neunfache Kyrie-Litanei, die jahrhundertelang auch trinitarisch gedeutet wurde als Anrufung des Vaters, des Sohnes und des Heiligen Geistes.

Der Kirchenlehrer Hippolyt bezeichnete den Logos als „heiligen Vortänzer im Reigen." Die Mystikerin Mechthild von Magdeburg sprach vom „Tanz der Seele". Die im Kreuzgang mittelalterlicher Kathedralen vom Klerus aufgeführten Reigen waren ein irdisches Vorspiel der im Himmel zu erwartenden Freuden.

Psalm 10: Ein Loblied auf den gütigen und verzeihenden Gott

1 Lobe des Herrn, meine Seele, / und alles in mir seinen heiligen Namen!
2 Lobe den Herrn meine Seele, / und vergiss nicht, was er dir Gutes getan hat: Dtn 4,9
3 der, der all deine Schuld vergibt / und all deine Gebrechen heilt, 32,1: Ex 15,26
4 der dein Leben vor dem Untergang rettet / und dich mit Huld und Erbarmen krönt,
5 der dich dein Leben lang mit seinen Gaben sättigt; / wie dem Adler wird die die Jugend erneuert. (Ijob 33. 25; Jes 40,31

Es lobe meine Seele den Herrn (Es preise meine Seele den Herrn!)
Dóxa si Kirie, doxa si = Ehre sei dir, Herr (Der Herr sei gepriesen)

Symbolik

für den Körper als Ausdruck der Materie das Kreuz (+),

für die Seele den Halbkreis (☽)= Veränderung, Bewegung, Metamorphose). Gebärde: Zwei Halbkreise = hermetisches Prinzip des WIE-OBEN-SO-UNTEN.

Für den Geist setzte man in alten Zeiten das Symbol des Kreises (○).

Krone (la couronne) Diese Kronengebärde muss richtig erfüllt werden als eine Bitte um Gnade zu Gott. Die Gnade ist uns verheißen als Trost (Johannes-Evangelium 1v. 1): „Sei getreu bis in den Tod, so will ich Dir die Krone des ewigen Lebens geben." Bei der „Krone" berühren sich die Hände nicht, denn diese bittende Haltung bleibt offen, zum Licht hin geöffnet.

Vom Kreuz zur Krone zum Kreis

Takt Zählzeit
A. Teil
à la breve

Takt	Zählzeit	
1	+ 1 + 2	2 Schritte zur Mitte (rechts – links) < *Arme zur Kreuz-haltung* *)-
	+ 3 + 4	2 Schritte zur Mitte (rechts – links) < *Arme bilden die Krone = 5. Position (la couronne)* >
2	+ 1 + 2	2 Schritte rückwärts (rechts – links) < *1. Position der Arme* >
	+ 3 + 4	rechts rückwärts – links ran < *3. Position der Arme* > (linken Arm seitwärts öffnen)
3	+ 1 + 2 + 3 + 4	< *Port de bras (ein Arm beschreibt einen oberen, der andere einen unteren Halbkreis)* >
4	1 - 4	4 Schritte in Gegentanzrichtung
5	1 - 4	< *Port de bras (ein Arm beschreibt einen oberen, der andere einen unteren Halbkreis)* >
6	1 - 4	4 Schritte in TR

24 Zählzeiten

B-Teil + Tipp mit rechts < *3. Position der Arme* >
Schnell

Takt	Zählzeit	
1. Takt	1 - 2 - 3 - 4	Drehung über rechte Schulter mit 3 Schritten und Tipp
2. Takt	1 - 2 - 3 - 4	< *3. Position der Arme* > Drehung über linke Schulter mit 3 Schritten und Tipp
3. Takt	1 - 2 - 3 - 4	3 Schritte zur Mitte, Tipp (oder 4 Schritte)
4. Takt	1 - 2 - 3 - 4	3 Schritte rückwärts, Tipp (oder 4 Schritte)
5. Takt	1 - 2 - 3 - 4	Drehung in die Tiefe + Aufrichtung < *Hände zu Fäusten ballen und überkreuzen* >
12 Zählzeiten		< *Gekreuzte Hände nach oben führen – lösen - Hände spreizen + Armkreis in 12 Zählzeiten* >

Bezug zu den Gebärden im Kyrie

Pädagogische Provinz (von Johann Wolfgang Goethe für die Erziehungsutopie in „Wilhelm Meisters Wanderjahre" geprägte Formel)

In seinem Bildungsroman werden den Jugendlichen ethische Werte vermittelt; auch die Religion spielt eine bedeutende Rolle. Sie werden in praktischer und musischer Tätigkeit zu Ehrfurcht und Achtung erzogen: 1) zur Ehrfurcht vor dem, was über uns, 2) was uns gleich und 3) was unter uns ist* und 4) zuletzt zur Ehrfurcht vor sich selbst, d. h. sie werden angeleitet, Ehrfurcht vor Gott, vor den Mitmenschen, vor Leiden und Tod und schließlich vor sich selbst zu haben.

* Zur 2. Gebärde: Ehrfurcht vor dem, was unter uns ist: Sie wird gleichsam für die zweite Lebenshälfte in ihrem tiefsten Aspekt als Integration des Schattens und des Verzichtes auf Perfektion aufbewahrt. Der Mensch erfüllt sich als Entsagender, d. h. als einer, der seine Grenzen und seine Endlichkeit bewusst annimmt und integriert. „Entsagung' als Befähigung, der Erde dienen zu können. Für Goethe ist diese Entsagung und Schattenintegration die Essenz der christlichen Religion, die mit der Selbstfindung zusammenfällt.

Milagre

„Warten auf das Wunder der Liebe...“

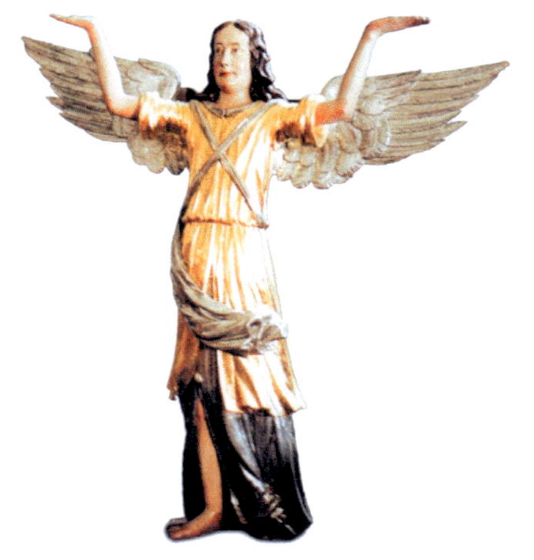

Engel in der evang. Kirche in Passenheim (Pasym /Masuren), Pfarrgemeinde von B. Wosiens Vater

Von Sternenkraft bewegt
atmen wir waches Leben

das Innigste trägt uns
von Mensch zu Mensch

bei Sturm rudern wir
ans Festland der Liebe

wo die Amsel
Hoffnung
in den Flügeln trägt

Maryse Bodé[82]

„Das Geheimnis allen Lebens heißt: Liebe. Was die Liebe gestaltet, ist unvergänglich. Die Rettung der Menschen liegt in der Liebe und kommt durch die Liebe.“ (Viktor Frankl)

J. Welwood unterscheidet die Herzensverbindung (= universale Form von Liebe, die wir mit jedem Menschen erleben können) von der Seelenverbindung. Eine Seelenverbindung, so Welwood, ist eine Resonanz zwischen zwei Menschen, die sich in individueller Wesensschönheit auf einer tiefen Ebene verbinden. Diese Art des gegenseitigen Erkennens, diese heilige Allianz hilft beiden Partnern, ihr tiefstes Potential zu entdecken.

Verena Kast[81] schreibt: „Das Selbst wird symbolisch manchmal als Liebespaar dargestellt. So können die Menschen oft die Sehnsucht nach dem Selbst nicht unterscheiden von der Sehnsucht nach Liebe zu einem anderen Menschen. Das bedeutet, dass jedes Sich-Verlieben im Grunde ein Ruf nach dem eigenen Selbst ist."

Der Tanz beginnt in Tanzrichtung mit Kreuzschritten (links vor – seit – kreuz rück) und einer Pendelbewegung des Oberkörpers – die Arme sind seitwärts (auf Augenhöhe ausgebreitet), Hände flex. Dann wendet man sich auf dem rechten Fuß nach außen (links seit – rechts kreuzt rück – links seit – rechts kreuzt vor). Während einer Wendung zur Mitte auf beiden Füßen, führt man die Hände empfangend, schenkend, dankend vor den Körper, plié auf links und ein ronde de jambe mit rechts.

Rechts kreuzt vor links – relevé auf beiden Füßen – Beine strecken – rechts seit.

Links kreuzt vor rechts (plié) – Ronde de jambe mit rechts – rechts kreuzt vor links, relevé auf beiden Füßen – Beine strecken.

Diese Sequenz wird zweimal wiederholt. Nach einem Seitwärtsschritt tief auf rechts folgt eine ganze Drehung über die linke Schulter mit 3 Schritten. Nach einem kurzen Innehalten beginnt der Tanz in Gegentanzrichtung. Hände werden vorne flex hochgeführt und ausgebreitet, zurück zur Ausgangsstellung.

Musik: Rodrigo Leão – Madredeus „Milagre“
Takt: 4/4
Ausgangsstellung: nicht durchgefasster Frontkreis
Handhaltung: Arme seitwärts (auf Augenhöhe ausgebreitet), Hände flex
Beginn: Nach 8 Takten

Takt	Zählzeit	
1	1	Schritt mit linkem Fuß gekreuzt vor rechts in TR
	2	Schritt mit rechtem Fuß zur Seite
	3	linker Fuß kreuzt rück
	4	mit rechtem Fuß in TR – dabei halbe Drehung nach außen (Pendelbewegung mit dem Oberkörper)
2	1- 4	links seit – rechts kreuzt rück – links seit – rechts kreuzt vor
3	1	Auf beiden Füßen über linke Schulter zur Mitte wenden *< Hände empfangend, schenkend, dankend vor den Körper führen <*
	2	Plié auf links, ronde de jambe mit rechts
	3	Rechts kreuzt vor links – relevé auf beiden Füßen – Beine strecken
	4	Rechts seit
4	1	Links kreuzt vor rechts (plié)
	2	Ronde de jambe mit rechts
	3	Rechts kreuzt vor links, relevé auf beiden Füßen – Beine strecken –
	4	Rechts seit
5	1	Links kreuzt vor rechts (plié)
	2	Ronde de jambe mit rechts
	3	Rechts kreuzt vor links – relevé auf beiden Füßen – Beine strecken –
	4	Rechts seit tief
6	1- 3	Mit 3 Schritten über linke Schulter in GTR drehen
	4	„warten“

Das Ganze in GTR wiederholen
Beim 1. Takt *< Hände vorne flex hochführen und ausbreiten, zurück zur Ausgangsstellung <*

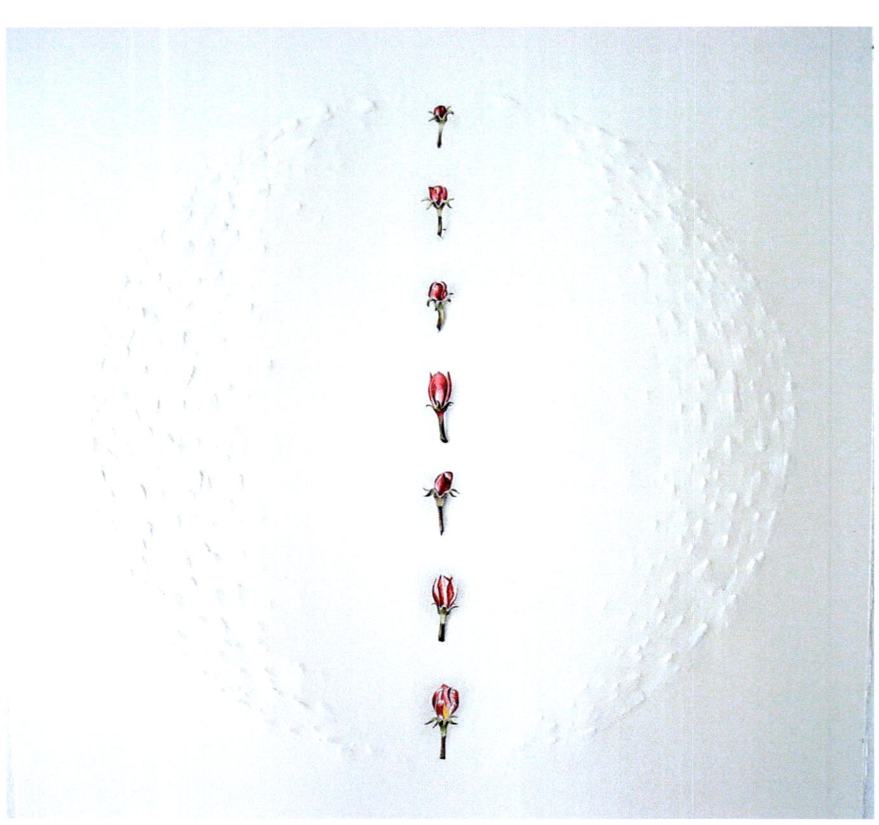

Alfred Bast, Sieben Apfelknospen, 2000

Stufen

Musik: Uli Führe
Takt: 4/4
Ausgangsstellung: durchgefasster Flankkreis
Handhaltung: V-Haltung
Beginn: Nach Intro

Ich lebe mein Leben in wachsenden Ringen
die sich über die Dinge ziehn.
Ich werde den letzten wohl nicht vollbringen
aber versuchen will ich ihn.

Rainer Maria Rilke[83]

Wenn ein Tänzer seinen Weg schreitend, springend und drehend
dem Licht entgegen durchgehalten hat,
dann wird er sagen können – auch dann,
wenn er den letzten Kreis nicht vollbringen sollte:
„Ich schaute Gott im Schweigen auf dem dunklen Weg
durch das Labyrinth, durch das mich der
seelenführende Gott zu mir selbst finden ließ.“[84]

B. Wosien

Die Musik hat Uli Führe komponiert, und zwar während eines Islandaufenthalts mit dem Titel „Bless“, was so viel heißt wie A dieu.

Der Tanz endet abrupt beim 5. Durchgang nach dem 2. Takt, eingedenk meines letzten Telefongesprächs mit B. Wosien, wenige Tage vor seinem Tod und seinen letzten Worte bezugnehmend auf das Gedicht von Rainer Maria Rilke „Ich lebe mein Leben in wachsenden Ringen..“ (siehe oben) „Ich schaute Gott im Schweigen auf dem dunklen Weg durch das Labyrinth, durch das mich der seelenführende Gott zu mir selbst finden ließ.“

Mit einem Basisschritt: 3 Schritte vor und zurückwiegen auf der 4. Zählzeit tanzen wir in 3 Takten diagonal zur Mitte = ziehen Kreise. Bei den Gebärden habe ich folgendes Bild: linken Arm und beim 2. Takt rechten Arm – diagonal seitwärts (allonger) über hoch vor das Brustbein führen – Hand flex). Hände sind vor der Brust gekreuzt.

Willst Du dich selbst in deinem Werte seh'n, blick' in dich!

Johann Caspar Lavater[85]

Innen angekommen breiten wie die Arme aus (rechts unter links), nicht durchfassen.

Willst Du nicht fremd im Leben steh'n, blick' um dich!

In zwei weiteren Takten weitet sich der Kreis wieder – wir bleiben in Kontakt mit unserer Tanznachbarin, unserem Tanznachbarn, dann breiten wir die Arme nach oben aus und bilden mit den Armen die Krone (la couronne).

Willst du getrost durch's Leben geh'n, blick' über dich!

Ich lebe mein Leben in wachsenden Ringen

Musik: Gedichtvertonung von Joseph Röösli

Diese Version des Tanzes unterscheidet sich insofern, als man bei der Intro (= 1. Strophe des Gedichtes – instrumental) in der 3. Position steht und nur die Gebärden macht. Dann tanzt man das Ganze zweimal, wiederholt die Gebärden im Stehen, und tanzt weiter. Diese Choreographie endet ebenfalls beim 5. Durchgang, jedoch bei der Wiederholung der Textstelle und der Frage an jede/n Einzelne/n: „... Bin ich ein Falke, ein Sturm oder ein großer Gesang?" Die Zahl 5 ist u. a. die Schicksalszahl eines Menschen unverzichtbar für die Beantwortung der Frage, wie er seinen weiteren Weg beeinflussen und auf welchem Weg dieser sein Lebensziel am besten erreichen kann.

Stufen

Wie jede Blüte welkt und jede Jugend
dem Alter weicht, blüht jede Lebensstufe,
blüht jede Weisheit auch und jede Tugend
zu ihrer Zeit und darf nicht ewig dauern.
Es muß das Herz bei jedem Lebensrufe
bereit zum Abschied sein und Neubeginne
um sich in Tapferkeit und ohne Trauern
in andre, neue Bindungen zu geben.
Und jedem Anfang wohnt ein Zauber inne,
der uns beschützt und der uns hilft, zu leben.

Wir sollen heiter Raum um Raum durchschreiten,
an keinem wie an einer Heimat hängen,
der Weltgeist will nicht fesseln uns und engen,
er will uns Stuf' um Stufe heben, weiten.
Kaum sind wir heimisch einem Lebenskreise
und traulich eingewohnt, so droht Erschlaffen,
nur wer bereit zu Aufbruch ist und Reise,
mag lähmender Gewöhnung sich entraffen.

Es wird vielleicht auch noch die Todesstunde
uns neuen Räumen jung entgegensenden,
des Lebens Ruf an uns wird niemals enden.
Wohlan denn, Herz, nimm Abschied und gesunde!

Hermann Hesse[86]

Dieses Gedicht von Hermann Hesse, das ursprünglich den Titel „Transzendieren" tragen sollte, mutet wir ein Gebet an und ist höchst philosophisch. Es könnte dazu beitragen, ein Bewusstsein für eine echte geistige Einstellung zu jeder „Lebensstufe" zu entwickeln und zu erkennen, dass alles im Leben einen tieferen Sinn hat. Es hängt allein von unserer inneren Einstellung ab, wie wir unser jeweiliges Lebensalter gestalten. Mit einer stimmigen inneren Einstellung könnten wir jeden „Raum" „heiter" durchschreiten.

Für mich ist der wunder- und hoffnungsvollste Satz in Hesses' Gedicht „Stufen“: „Und jedem Anfang wohnt ein Zauber inne, der uns beschützt und der uns hilft zu leben...“ Dieses Zauberhafte des Anfangs wohnt jeder Morgendämmerung, jedem Sonnenaufgang, jedem neuen Tag inne.

Betrachtungen über den Tanz Garuda / Sonnengruß

Der Tanz Garuda entstand vor vielen Jahren während eines Seminars „Tanzend auferstehen“ in der Osternacht zu der Musik von Vangelis / Papas: Rapsodies. Der Liedtext lautet:

Mit Myrrhe besprengen die Salbenträgerinnen dein Grab in der Morgen-Frühe. Ein Klagelied singt dir deine heiligste Mutter, Logos, da du stirbst.
Aufschrie die Tochter, heiße Tränen vergießend, im Innersten verwundet.
Mein süßer Frühling, mein süßestes Kind du, wohin ist deine Schönheit ?
Alle Generationen beweinen deinen Tod. Mein Christus.

In Griechenland wird dieses Lied noch heute am Karfreitag bei Prozessionen gesungen.

Schon als Kind hatte mich die Begegnung der Maria Magdalena mit dem „Gärtner“ sehr berührt und dass sie Jesus erkannte, als er sie beim Namen rief, und ihr einen Auftrag erteilte.

Das Evangelium nach Johannes (Joh 20, 2-20):

Maria aber stand draußen vor dem Grab und weinte. … Sie wandte sich um und sieht Jesus stehen und weiß nicht, dass es Jesus ist. Spricht Jesus zu ihr: Frau, was weinst du? Wen suchst du? Sie meint, es sei der Gärtner, und spricht zu ihm: Herr, hast du ihn weggetragen, so sage mir: Wo hast du ihn hingelegt? Dann will ich ihn holen.

Spricht Jesus zu ihr: Maria! Da wandte sie sich um und spricht zu ihm auf Hebräisch: Rabbuni!, das heißt: Meister! Spricht Jesus zu ihr: Rühre mich nicht an! ….Maria Magdalena geht und verkündigt den Jüngern: „Ich habe den Herrn gesehen.“

Diese Begebenheit, die Berufung der Maria Magdalena, hat Reinhild Traitler[87] in einem Fraumünstergottesdienst 1989 auf ganz wunderbare Weise neu interpretiert, und zwar aus der Sicht von Maria Magdalena:

Sie beschreibt, wie Maria Magdalena Jesus in den Tagen nach seinem Tod in allen Menschen gesucht hat. – Jeden Augenblick hat sie gemeint, er müsse wiederkommen; in diesen Tagen nach seinem Tod konnte sie den Tod nicht glauben. Alles in ihr sagte, Jesus lebt. „Maria" hat er zu ihr gesagt, und sie wusste, er ist es –.

Sie erinnerte sich nicht mehr an sein Gesicht, nur an seine Augen, die sie umfingen und trotzdem nicht fesselten. Die Augen der Liebe. Rühr mich nicht an, hat er gesagt, und sie wusste, das ist der Abschied. Nie hat sie ihn so geliebt wie damals, als schon die Trennung zwischen ihnen stand, der Graben, den sie nicht überbrücken durfte.

Schau nicht zurück, hat er gesagt, weil das Leben vorn ist. Nimm die Erinnerung mit als einen Schatz. In der Zeit des Hungers magst du davon zehren.

Jetzt aber geh... Um der Liebe willen kehr mir den Rücken und trau dir zu, du selber zu sein.

Maria hat er gesagt, und hat ihr einen Namen und einen Auftrag gegeben, zu gehen und die Botschaft weiter zusagen. Maria Magdalena hat sich umgedreht und hat gemerkt, dass sie auf eigenen Füßen stehen kann. Um ihrer Liebe willen hat sie ihm den Rücken gekehrt, hat die Tränen geschluckt und ist gegangen. Sie spürte noch immer seine Nähe, und spürte noch immer die Kraft, und spürte den Auftrag, der im Herzen brannte und sie wollte versuchen zu leben, ohne ihn, als wär er mitten unter uns.

Die Zahl 8 spielt in diesem Tanz eine wesentliche Rolle, da der achte Tag der Auferstehungstag ist.

Im jüdischen Glauben steht die Zahl 8 für die Verbindung von Diesseitigkeit, Vergänglichkeit und Transzendenz (Jenseitigkeit).

Während der Introduktion machen wir die Gebärde des Sonnengrußes (Mudra: „Garuda" – Garuda ist der indogermanische Feuervogel, der das Unsterblichkeitselexier vom Himmel holt).

Die heilige Schrift selbst bezeichnet Christus als Sonne. Der Vergleich mit der Sonne wiederholt sich in unzähligen christlichen Liedern.–

Der Tanz beginnt im 5. Takt auf der 3. Zählzeit.

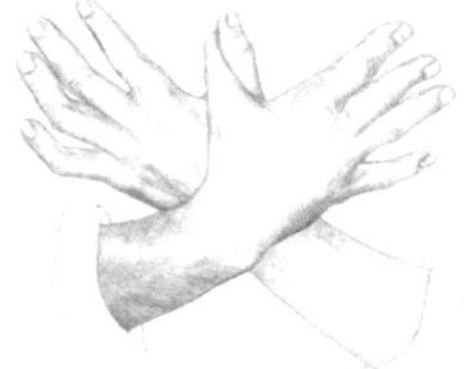

Beim ersten Schritt tief nach links strecken wir die Arme nach oben und breiten sie dann aus zur Kreuzhaltung.

Damit symbolisieren wir, dass wir ja sagen zu unserem Schicksal, d.h. unser Kreuz annehmen . Mit drei Schritten (rechts seit, links kreuzt vor, rechts seit) tanzen wir in Tanzrichtung und wiederholen diese 4 Schritte (= 8er Zyklus). Dann machen wir einen tiefen Schritt rückwärts und gehen mit 3 Schritten zur Mitte, dabei lassen wir die Arme (mutlos) sinken. Bei der Wiederholung führen wir die Arme zur Orantenhaltung.

Bei der nächsten Schrittkombination beginnen wir mit links vor (plié). Dabei werden die Schultern nach vorn bewegt; Ringfinger und Daumen bilden einen Kreis, symbolisierend, dass Herz (Ringfinger) und Verstand (Daumen) eine Einheit bilden.

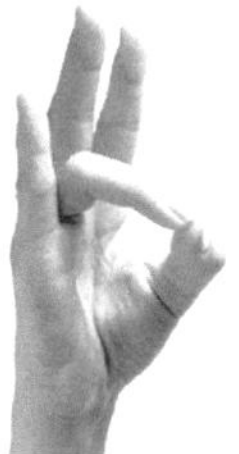

Dann tanzen wir 3 Schritte rückwärts und wiederholen diese 4 Schritte, die Hände werden mit einer runden Bewegung vor das Kehlchakra geführt (mit diesem Energiezentrum hängt der Klang der Stimme zusammen) und zurück zur Ausgangsposition, zum Sonnengruß vor dem Herzchakra. Wesentlich ist, dass jedes Mal die 4 Schritte mit einer Gegenbewegung anfangen.

Nun beginnt etwas Neues. Wir wiegen dreimal, und zwar links – rechts – links und tanzen dann mit 5 Schritten (beginnend mit einem Kreuzschritt rechts vor links) in Gegentanzrichtung. Nach dem 2. Durchgang tanzen wir in 6 Zeiten mit rechts nach rechts, mit links in Gegentanzrichtung, rechts kreuzt vor links, Schritt mit links nach links, rechts kreuzt vor links, Tipp mit links.

Initation

Initiatisch („initiare“) bedeutet: Das Tor zum Geheimen öffnen. – Was aber ist das Geheime? Das sind wir selbst in unserem tiefsten Wesenskern. Wenn jemand den initiatischen Weg beschreitet und sich seines Wesens inne wird, dann bedeutet das eine totale Umkehr, die Verwandlung zum wahren Selbst: Individuation, eine Wendung „nach innen“ (nach Karlfried Graf Dürckheim).

Das Traumlied des Olav Åsteson enthält alle Elemente des nordischen Einweihungsweges. In diesen Mysterien keltischen Ursprungs wurden dem Schüler die Begegnung mit den Kräften der Natur und dem Kosmos (Tierkreis) vermittelt. Das Traumlied ist wie eine Brücke zur anderen, der jenseitigen Welt.

Im Traumlied des Olaf Åsteson wird von einem Menschen berichtet, der während der zwölf heiligen Nächte vom Weihnachtsabend bis Epiphanias in Geisteswelten entrückt wird. Die ersten Traumerlebnisse hat Olaf Åsteson im Bereich der Elementarwelt. Er wird in „Wolkenhöhen“ gehoben und in „Meerestiefen“ gestoßen. Erlebnisse dieser Art sind des Öfteren beschrieben worden. Wo immer ein Mensch den verborgenen Weg zu den Mysterien fand, einen Einweihungsweg ging, musste die Seele durch solche Prüfungen gehen: die Erd-, Wasser-, Luft- und Feuerprobe.

Zu einer norwegischen Musik habe ich den Tanz Initiation choreographiert. Mit 12 Schritten tanzt jede/r Einzelne/r ein gleichschenkliges Kreuz. (Die Musik hat einen Vierertakt. Faszinierend ist, dass die Musikphrasen manchmal variieren. Hin und wieder bestehen sie aus 11 bzw. 13 Zählzeiten.) Im Tanz kommen 4 Kreuzschritte vor und auf der Horizontalen werden 7 Schritte getanzt. Bei der Choreographie bilden 12 Tänzer / Tänzerinnen ein Diagonalkreuz im Raum (hintereinander stehend). Jede Reihe fängt jeweils nach 3 Zeiten an.

Das Traumlied steht als Dichtung in einer großen Tradition. Die Reise in die Unterwelt ist nämlich eines der großen Motive der Geistesgeschichte – oft geknüpft an Mysterientraditionen. Die erste literarische Beschreibung einer Reise in die Unterwelt ist das über 4000 Jahre alte sumerische Gedicht über die Göttin Inanna.

Dieses nordische Volksepos sowie die Edda (Island) und die Kalevala (Finnland) beschäftigen und faszinieren mich seit vielen Jahren. Mein Interesse wurde geweckt während meines zweijährigen Aufenthalts in Island (1962-1964), bei meinen wiederholten Tanzreisen mit Bernhard Wosien nach Schweden, während meiner vielen workshops in Finnland und vertieft durch meine Übersetzung des Buches „Mysterienströmungen in Europa und die neuen Mysterien“ von Professor Bernhard Lievegoed ins Deutsche.

Die Geheimnisse
Ein Weihnachts- und Ostergedicht von Johann Wolfgang von Goethe

In diesem wundervollen Gedicht beschreibt Goethe den Pilger Bruder Markus, der einer geheimen Bruderschaft angehört und den Auftrag erhält, sich zu einer anderen Bruderschaft (von 12 Brüdern) auf den Weg zu machen. Nach langer Wanderschaft gelangt er auf einen Berg und sieht im Tal sein Ziel: das Kloster dieser Bruderschaft.

Hier entdeckt er, dass bei diesen Brüdern nicht diese oder jene Religion vorherrscht, sondern die höhere Einheit der Religionen. Und diese 12, von denen jeder ein Religionsbekenntnis der Welt repräsentiert, leben in Frieden und Harmonie miteinander, denn sie werden geführt von einem 13.

Über dem Tor des Klosters sieht er ein ganz besonderes Kreuz. Das Kreuz (Tanz „Initiation“) ist umwunden von Rosen (s. Tanz „Traumlied“).

***

Vor einigen Jahren wurde ich vom Redaktionsteam der Zeitschrift Balance gebeten, über die Meditation des Tanzes als Einweihungsweg zu schreiben, so wie ich das vor Jahren in der Zeitschrift BRES in einem Interview und in einer deutschsprachigen Sonderbroschüre getan habe. Aber wen interessiert das schon bzw. wer möchte diesen Weg gehen? Rudolf Steiner sagt hierzu Folgendes: „Wenn jemand von seinem Lehrer /seiner Lehrerin fordert: teile mir deine Geheimnisse mit, aber lasse mich bei meinen gewohnten Empfindungen, Gefühlen und Vorstellungen, so verlangt er/sie etwas ganz Unmögliches. Er/sie will dann nämlich nichts weiter als die Neugierde, den Wissenstrieb befriedigen. Das käme der Forderung gleich: lehre mich malen, aber befreie mich davon, einen Pinsel in die Hand zu nehmen."

Mir fällt dazu eine kleine Geschichte ein, die ich einmal fand: „Ein Mensch bereist als erster das Amazonasgebiet. Zu Hause angekommen berichtet er voller Begeisterung von allen fremdartigen, überwältigenden Eindrücken und seinen Erfahrungen. Seine Zuhörer, hingerissen von seinen Erzählungen, bitten ihn, dies alles aufzuschreiben und aufzuzeichnen. Letztendlich gibt er nach. – Die Folge war, dass die Menschen hingingen und „ihr Wissen" in Vorträgen weitergaben.

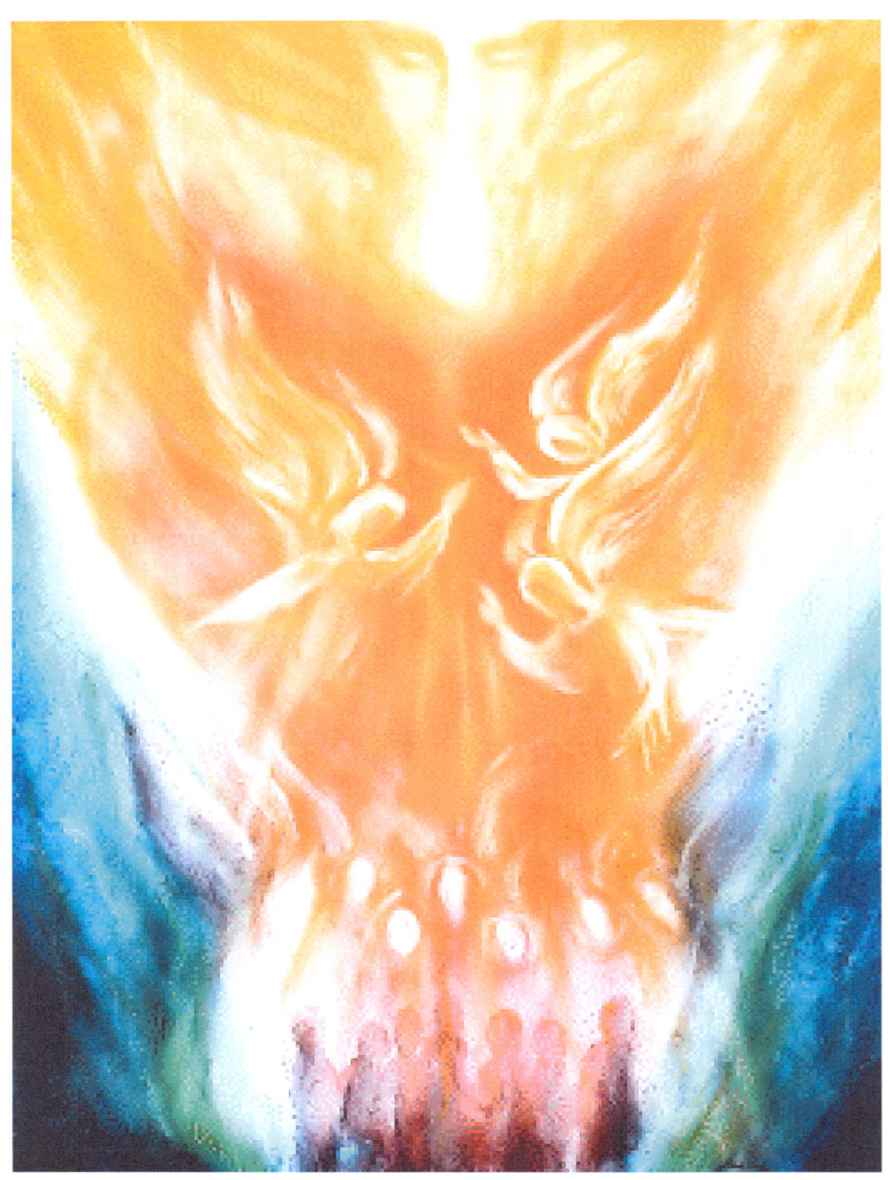

Kelch, Aquarell von Catherine van Alphen

Gradalis

Ein wunderbarer Kelch senkte sich
vom Himmel nieder.
Das Menschenkind fing ihn auf –
und ließ ihn fallen.
In tausend Stücke zersplitterte er,
in klirrende Tonscherben: in Worte.
Viele Worte sind nicht – nur der Kelch IST.
Immer wieder senkt er sich
vom Himmel nieder.

Gitta Mallasz[88]

Der Weg des Heiligen Gral ist ein keltischer Einweihungsweg und führt in die innere Welt, die größer und gewaltiger ist als die äußere, die nur Hülle ist, nicht Wesenskern. Als Wandlungssymbol begleitet er den Menschen auf seinem Einweihungsweg zur göttlichen Liebe und Quelle des Lebens. Seine Einweihungsbotschaften lauten:

Lerne zu lieben, lerne zu verstehen, lerne zu dienen

Dieser Weg nach innen hat drei Stufen.

1. Reinigung Gralssucher (Lehrling)
2. Erleuchtung Gralsritter (Geselle)
3. Einswerdung Gralskönig (Meister)

Zum Largo aus dem Konzert für Flöte in e-dur von R. Woodcock entstand der Tanz Gradalis.

Man steht aufrecht im Kreis (2mal 3 Zeiten). Beim 3. Takt wird der rechte Arm mit einer Kreisbewegung (Hand flex) zur rechten Seite geführt. Beim 4. Takt geschieht das Gleiche mit dem linken Arm. Beim 5. Takt breitet man die Arme aus und bildet einen Kelch, man wird sozusagen selbst zum Kelch. Dann führt man die Hände vor das Kehlchakra und formt einen kleinen Kelch. Beim 7. und 8. Takt wiegt man nach rechts und links, dabei kommen die Hände < gebend und empfangend > vor die Körpermitte und der Tanz beginnt.

In einem Brief vom 14. XI. 1981 ließ mich B. Wosien an seinen Gedanken bei einem Besuch seines Trullos in Apulien teilhaben. Seine Imaginationen hinterließen bei mir einen tiefen und nachhaltigen Eindruck.

In der Folgezeit beschäftigte ich mich eingehend mit dem (meinem) Gralsweg und choreographierte einige Gralstänze wie: Initiation, Tanz der Lichtträgerinnen, Gradalis.

… einmal bereits hat heute der Mond den Zodiakus umkreist. So tauche ich ein in den Strom, den einzigen, der rückwärts fließt. Die Erinnerung an den 8. August (workshop in Findhorn) ist in mir noch sehr lebendig. Ich sitze hier in meinem lieben Trullo. Diese Trullos sehen aus wie runde Steinzelte. Die Bauidee ist: über einem kubischen Würfel eine Glocke (eine gewölbte Kuppel) zu bauen. Das Quadrat als die Welt, in der wir leben, überdacht vom Abbild des Himmelszeltes. Quadrat und Kuppel als symbolische Vereinigung von Erde und Himmel. Hier spricht auch sofort eine „objektive Innerlichkeit" an, als einem Umraum, dem sich der Eigenraum sympathisch einfügt. – Du würdest sofort das Gefühl haben, in einem sakralen Raum zu wohnen. Wie bei allen Trullos dieser Gegend befindet sich auf den Spitzen der Dächer ein aus Stein gehauener KELCH (= Gralssymbol), über dem eine weiße Kugel aus Stein schwebt, Symbol der Ewigkeit, Einheit und Ganzheit sowie Symbol für die Erneuerung der Seele und als Gralssymbol den Weg der Wandlung weisend. Dieses Bauwerk ist ein sichtbares Zeugnis des Zusammenflusses Parzivalischer Gralsströmung mit der Tiefenströmung salomonischer Weisheit. Dieser Ort lädt ein, eine „Artusrunde" zu gründen, um die alte Legende wieder aufleben zu lassen.

Dein Meister

Tanz der Lichträgerinnen

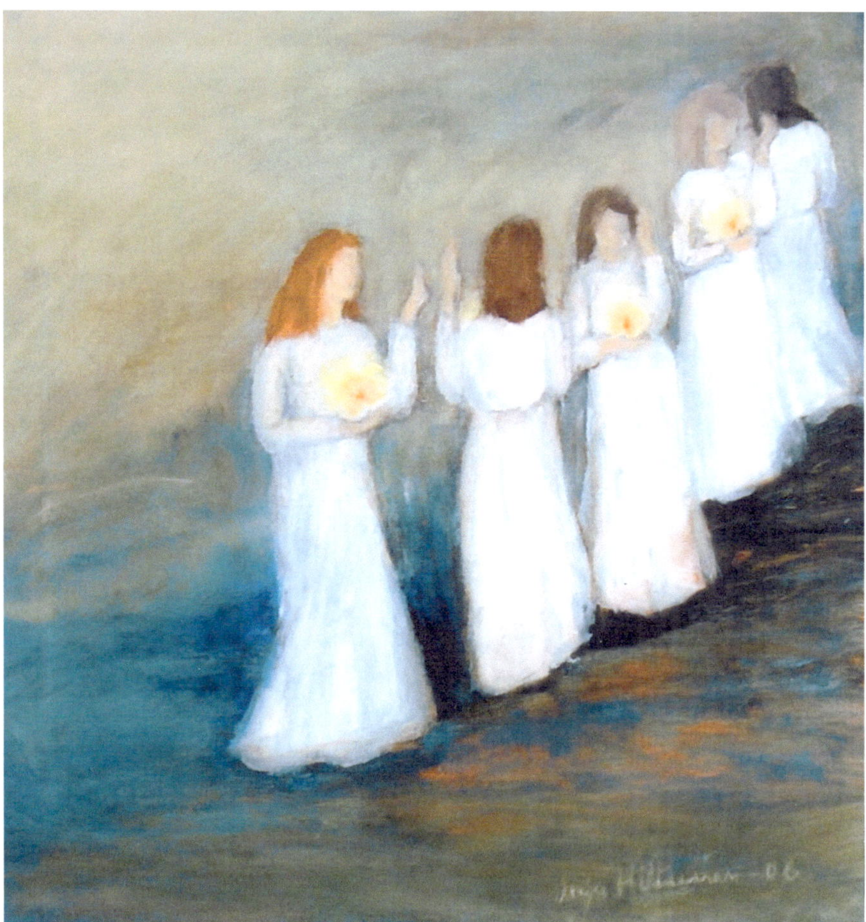

Irja Hiltunen, Tanz der Lichtträgerinnen

Die Lichtträgerin trug in den verschiedenen Kulturen unterschiedliche Namen von Nin-khursag bis Venus. Im Hohelied war die Königin Lichtträgerin (Übermittlerin des Lichts). Sie war die Rose von Scharon (Cha-Ra-On). „Lux-fer" bzw. Luzifer bedeutet „Lichtträger" und wurde zunächst als poetische Bezeichnung für den Morgenstern verwendet. Er taucht sowohl in Homers Odyssee als auch in Hesiods Theogonie auf und wird hier mit der Göttin Venus in Verbindung gebracht.

„Der Dichter/die Dichterin, der Musiker/die Musikerin der/die das Herrliche und Schreckliche des Lebens im Tanzschritt seiner/ihrer Verse, ihrer/seiner Musik preist, ist Lichtbringer /Lichtbringerin, Sie sind auf diese Weise Mehrer der Freude und Helligkeit auf Erden. Sein/ihr Werk hat Teil am Licht der Götter und der Sterne. Was sie uns geben, ist nicht ihr Dunkel, ihr Leiden oder Bangen, es ist ein Tropfen reinen Lichtes.“[89]

Die Lichtträgerinnen stellen die unsichtbare Vereinigung derer dar, die zu jeder Zeit und überall sich dem Dienst an der Menschheit widmen. Ihre Kraft liegt in ihrer Reinheit, Weisheit und Einheit; sie wirken durch die nach allen Richtungen von ihnen ausstrahlende Liebe.
So dienen sie der ewigen Erneuerung der Menschheit aus dem Geiste. Sie sehen alles im Lichte der Einheit und wissen sich bei ihrem Tun in Harmonie mit dem Unendlichen.

H. de Neufville[90]

Erst wenn ich Lichtes denke,
leuchtet meine Seele.
Erst wenn meine Seele leuchtet
wird die Erde ein Stern.
Erst wenn die Erde ein Stern ist,
bin ich wahrhaft Mensch.

Herbert Hahn[91]

Bei diesem Tanz zum Preludio aus der Misa Andina stehen alle in Tanzrichtung, die Unterarme sind übereinander gelegt (links oben). Auf diese Weise bildet man ein Dreieck. Man tanzt mit 2 Kreuzschritten (rechts kreuzt über links) zur Mitte und macht dann eine ganze Drehung über die linke Schulter. < Gebärde: „Lichtträgerin“ (linken Unterarm hoch nehmen, Handfläche zeigt nach hinten (s. Bild – Teil des Vierecks). Mit zwei Kreuzschritten wird dann weiter zur Mitte getanzt. Hier führt man mit beiden Händen eine schenkende und gleichzeitig eine schöpfende Gebärde aus (= schöpfen aus sich selbst). Das Ganze wird spiegelbildlich wiederholt beim schräg nach außen Tanzen. Wir verschenken auch hier das Licht.

Bei der Choreographie bildet man zwei konzentrische Kreise. Der Außenkreis steht in Tanzrichtung und die Tänzerinnen des Innenkreises stehen in Gegentanzrichtung. Alle beginnen mit dem rechten Fuß. Jedes Mal begegnet man einer anderen Tänzerin.

Ein Licht, das leuchten will...

Ein Licht, das leuchten will, muss sich verzehren;
Trost, Licht und Wärme spendend, stirbt es still.
Ein Licht, das leuchten will, kann nichts begehren,
als dort zu stehen, wo's der Meister will.

Ein Licht, das leuchten will, dem muss genügen,
dass man das Licht nicht achtet, nur den Schein.
Ein Licht, das leuchten will, muss sich drein fügen,
für andre Kraft und für sich nichts zu sein.

Ein Licht, das leuchten will, darf auch nicht fragen,
ob's vielen leuchtet oder einem nur.
Ein Licht, das leuchten will, muss Strahlen tragen,
wo man es braucht, da lässt es seine Spur.

Ein Licht, das leuchten will in Meisters Händen,
es ist ja nichts, als nur ein Widerschein;
des ew'gen Lichtes Glanz darf es uns spenden,
ein Licht, das leuchten will für Gott allein.

Hedwig von Redern[92]

Unser Vater-Mutter

Vater
und Mutter
alles Geschaffenen,
Dein Name tönt heilig durch
Zeiten und Raum;
Dein göttliches Eins-Sein schaffe in Liebe und Licht – ewig und jetzt;
Lass Deinen Willen durch meinen geschehen,
wie im Geist, so in allem Geformten;
Gib uns Nahrung täglich, wie dem Körper, so der Seele;
Löse die Bande meiner Fehler, so wie ich sie anderen löse;
Lass mich nicht verloren gehen an Oberflächliches
und Materielles;
Befreie mich von Unreife und von allem, was mich festhält
und mich nicht loslässt;
Denn Dein ist die Kraft
Und der Gesang des Universums
Jetzt und hier in Ewigkeit.
Amen

G. J. Ouseley[93]

Dieser Text wurde dem „Evangelium des vollkommenen Lebens", übersetzt von G. J. Ouseley (1901 / 1938), entnommen. Es wird gesagt, es sei das Ur-Evangelium in aramäischer Sprache, werde in einem der buddhistischen Klöster in Tibet aufbewahrt, wo es von einem Angehörigen aus der Gemeinschaft der Essener verborgen worden sei. Dieses Evangelium enthalte Begebnisse und Gespräche, die in den bisher bekannten Evangelien nicht enthalten seien, während es im übrigen fast wörtlich mit den Texten der Bibel übereinstimme.

Unser Vater-Mutter,
das du über uns bist
und in uns

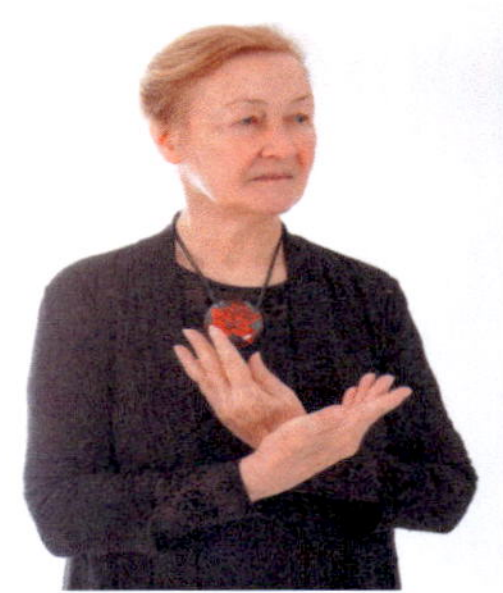

Arme vor der Brust kreuzen

geheiligt sei dein
Name in zweifacher
Dreieinigkeit.

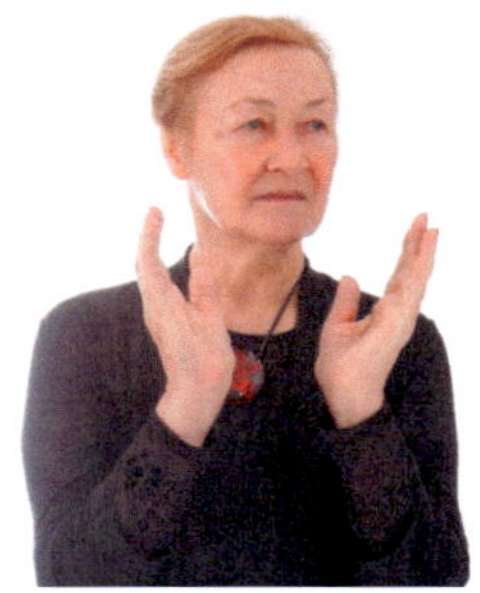

Hände bilden in Augenhöhe einen Kelch

Dein Reich komme
zu uns in Weisheit, Liebe
und Eintracht

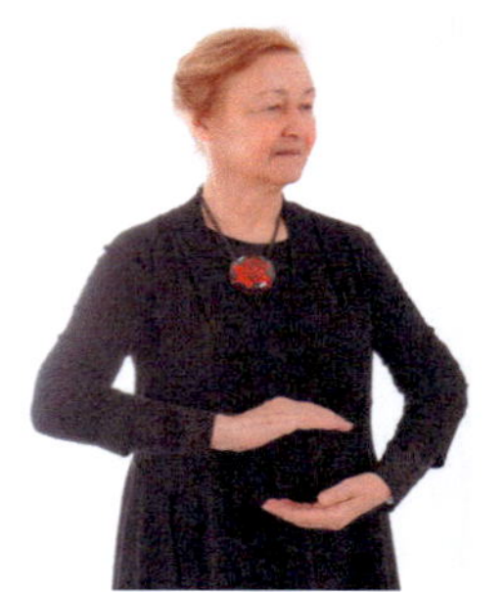

vor dem Sonnengeflecht die „Weltkugel" halten (die linke Hand bildet eine Schale - die rechte Hand umschließt sie)

Dein Wille geschehe
wie im Himmel

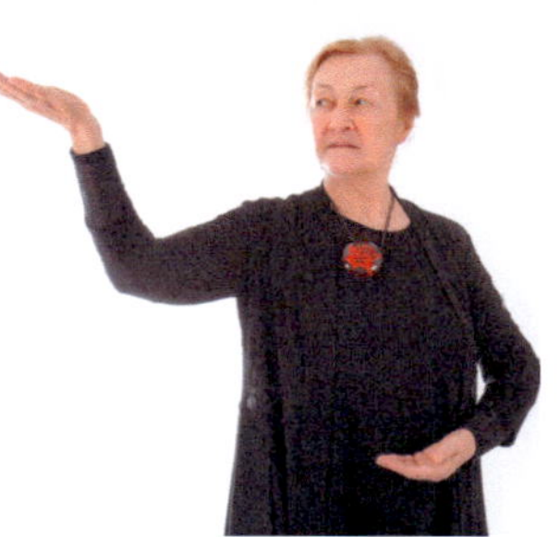

rechte geöffnete Hand seitwärts nach oben,

so auf Erden

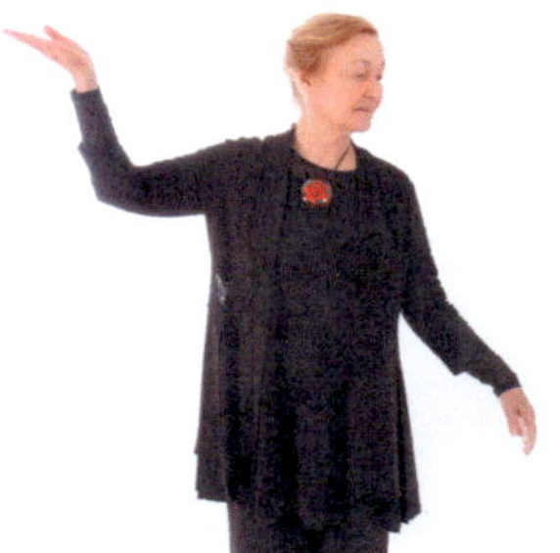

linke Hand seitlich nach unten führen

Gib uns täglich dein heiliges Brot und die Frucht des lebendigen Weinstocks.

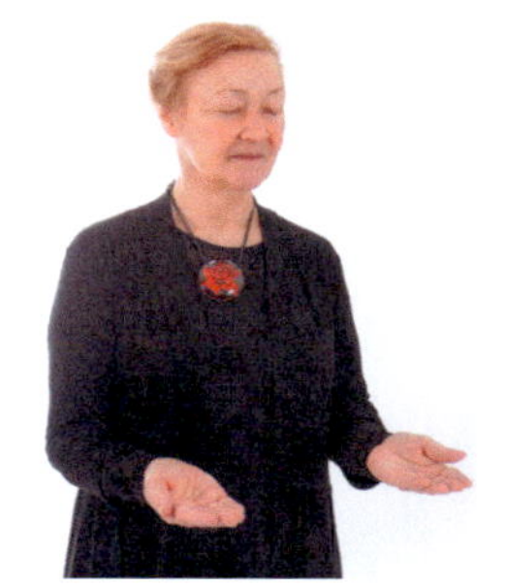

beide Hände schalenförmig bittend nach vorne öffnen

Und wie du uns vergibst unsere Schulden,

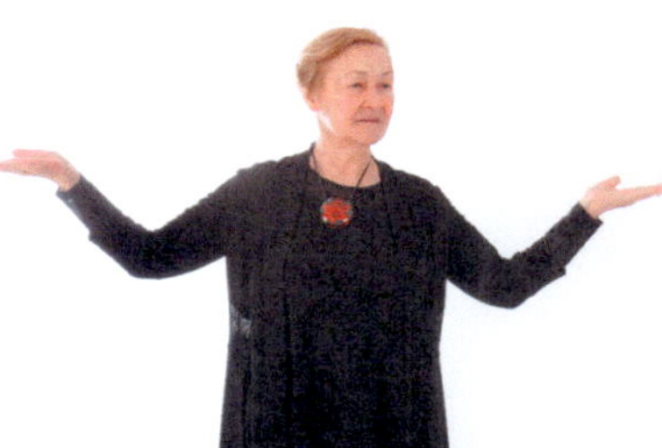

Arme seitwärts führen, beide Hände empfangend auf Schulterhöhe

So mögen auch wir vergeben allen, die gegen uns schuldig werden.

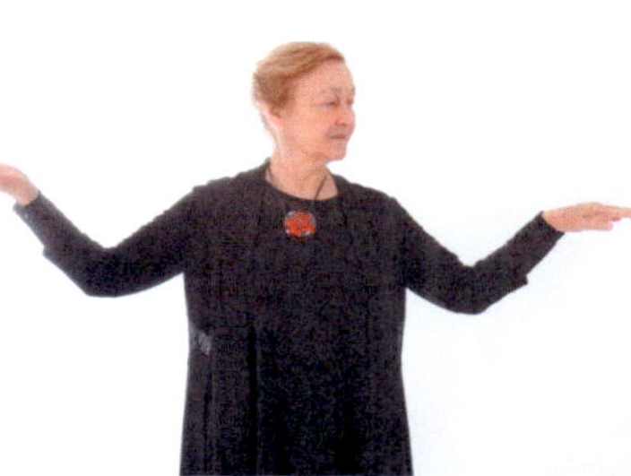

wir reichen uns die Hände; dabei ist die rechte Hand die empfangende, die linke die gebende

In der Stunde
der Versuchung

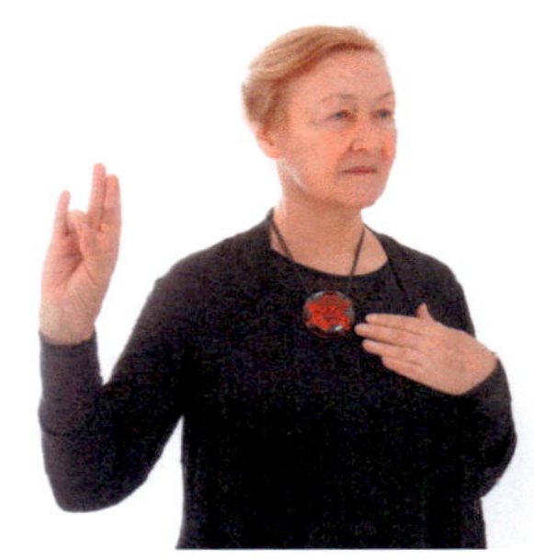

linke Hand auf's Herz legen, Daumen und Ringfinger der rechten Hand bilden einen Kreis, die anderen Finger gestreckt (siehe Christusikonen)

erlöse uns
vom Übel.

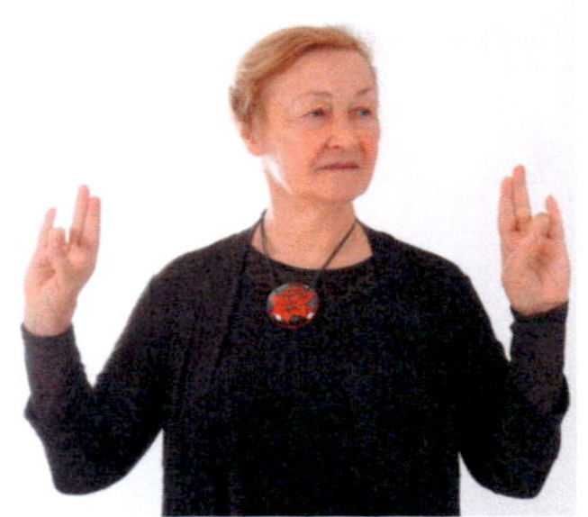

linke Hand übernimmt die Gebärde der rechten Hand

Denn Dein
ist das Reich

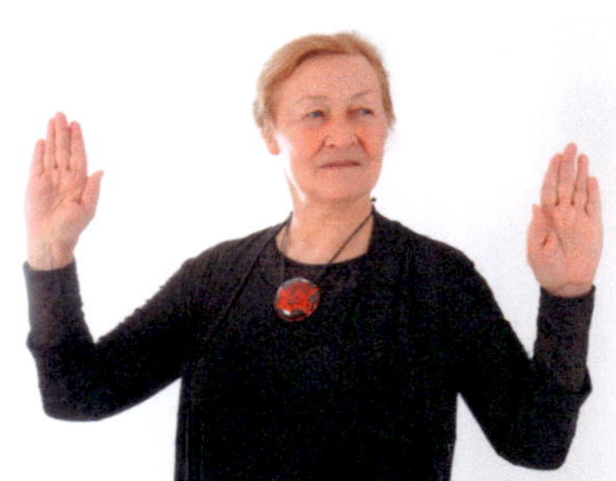

Orantenhaltung (= Arme sind angewinkelt – Handinnenflächen zeigen nach vorne)

und die Kraft

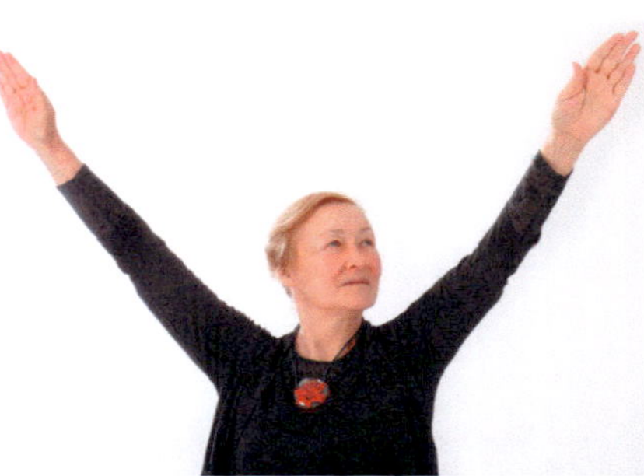

Arme ausgebreitet nach oben

und die Herrlichkeit

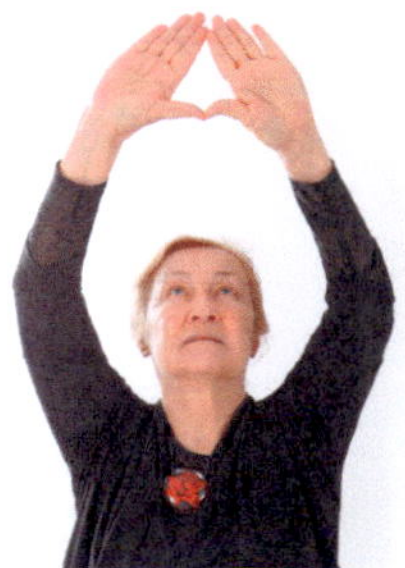

la couronne,
dann mit den
Zeigefingern und Daumen
ein Dreieck bilden
(= das Auge Gottes)

jetzt und in
alle Ewigkeit

AMEN

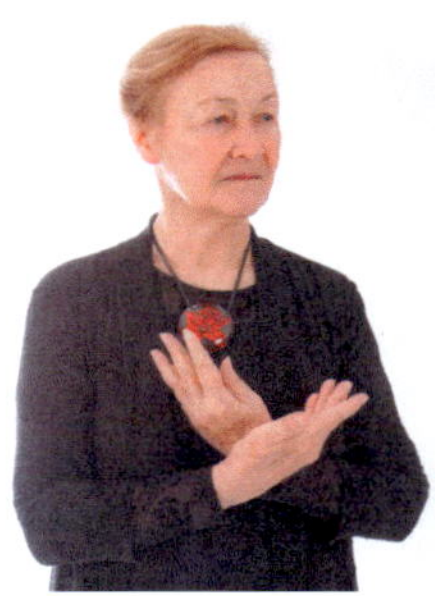

Arme beschreiben
einen Kreis
Arme vor der Brust
kreuzen.

Auf der Suche nach Harmonie und Frieden ...

Vor einigen Jahren lud mich die kanadische Friedensbewegung „Pax Cultura“ ein, mit den Teilnehmerinnen und Teilnehmern dieses Kongresses zu tanzen. Unter dem Motto „Wo Frieden ist, ist Kultur – wo Kultur ist, ist Frieden“ entstand in den Jahren nach 1925 weltweit diese internationale Kultur- und Friedensbewegung, die 1929 durch den russischen Maler und Philosophen Nicholas K. Roerich (nominiert für den Friedensnobelpreis) initiiert und geleitet wurde. Zentral stand ein interkultureller Austausch auf hohem politischen, religiösen, wissenschaftlichen, künstlerischen und gesellschaftlichen Niveau, der zum Ziel hatte, Wissenschaft, Kunst und Religion wieder zusammen zu führen, sollte es einen Weltfrieden geben.

Die Theologin und Friedenskämpferin Dorothee Sölle formulierte es einmal so: „... Ja, die Theologie hat Anteile an der Wissenschaft, aber ich glaube, sie ist eigentlich näher an der Kunst als an der Wissenschaft, wenn man das genau nimmt. Das ist auch jahrhundertelang so gewesen, dass die besseren Theologen eher Künstler als Wissenschaftler waren.“

Anfang der 70er Jahre teilte ich die Visionen der Urvölker Amerikas, denn auch mir träumte von Freiheit, von der Überwindung von Grenzen, von Gerechtigkeit und von Frieden ... Zur Vorbereitung auf meinen workshop zum Thema Frieden fiel mir jedoch als erstes der Vortrag von Astrid Lindgren wieder in die Hände, den sie anlässlich der Verleihung des Friedenspreises des Deutschen Buchhandels im Jahre 1978 gehalten hat. Sie holte mich auf den Boden der Tatsachen zurück und sprach / spricht mir aus der Seele:

Über den Frieden reden heißt, über etwas sprechen, das es nicht gibt. Wahren Frieden gibt es nicht auf unserer Erde und hat es auch nie gegeben, es sei denn als Ziel, das wir offenbar nicht zu erreichen vermögen. Solange der Mensch auf dieser Erde lebt, ist der Friede ständig bedroht. Es ist ebenfalls wahr, dass sich angesichts dieser Bedrohung immer mehr Menschen für Frieden und Abrüstung einsetzen – das könnte eine Hoffnung sein.

Müssen wir uns aber nicht dennoch fragen, ob der Mensch nicht vielleicht schon in seiner Anlage fehlerhaft ist? Wir alle wollen ja den Frieden. Gibt es denn da keine Möglichkeit, uns zu ändern? Könnten wir nicht versuchen, eine ganz neue Art Mensch zu werden? Es sind schließlich immer einzelne Menschen, die die Geschichte der Welt bestimmen, im Positiven wie im Negativen. Ob ein Kind zu einem warmherzigen, offenen und vertrauensvollen Menschen mit Sinn für das Gemeinwohl heranwächst oder aber zu einem gefühlskalten, destruktiven Menschen, das entscheiden die, denen das Kind in dieser Welt anvertraut ist.

„Überall lernt man nur von dem, den man liebt", hat Goethe einmal gesagt und, so meine ich: „Von den Menschen, die uns lieben". Martin Luther beschreibt den egoistischen Menschen „als den auf sich selbst verkrümmten Menschen. Er kann den aufrechten Gang nicht lernen. Tag und Nacht kreist er, möglichst ununterbrochen um sich selber. Er oder sie wird nie frei von sich selber – was doch wohl eines der schönsten Geschenke der Liebe ist."

Der griechische Philosoph Platon schrieb über das „Wahre, Schöne und Gute". Dabei handelt es sich um den Menschen und um das, was ihn bewegt oder ihn sogar am Ende glücklich macht. Wonach sehnen sich Menschen? Es ist der Wunsch, ganz, heil zu sein, vertrauen, hoffen und glauben zu können. Viele Menschen erwarten, bei „Meditation des Tanzes – Sacred Dance" Frieden, heilsame Stille und Harmonie zu finden. Wenn man Frieden jedoch als das Ergebnis von Friedfertigkeit und der Fähigkeit, Konflikte mit Empathie zu klären, Probleme kreativ oder spielerisch zu lösen, definiert, erhebt sich die Frage: ist ein soziales Zusammenleben in Harmonie, ohne Statuskämpfe und Reibungen überhaupt möglich?

In der griechischen Antike bezeichnete der Begriff „eirene" bis ins 5. Jahrhundert v. Chr. einen Zustand von Ordnung, Wohlstand und Ruhe. Die Göttin Eirene als personifizierter Friede wurde mit dem Füllhorn, dem Symbol des Reichtums dargestellt. Die Römer benutzten als Friedensbegriff die lateinische Bezeichnung „pax" und im Judentum hat der hebräische Begriff Schalom die Bedeutungen Unversehrtheit, wohlbehalten sein, sicher sein, Glück, im Frieden. Das Wort ist eng verwandt mit dem arabischen „Salam". Der arabische Begriff Salām ist auch in die Umgangssprache als Gruß eingegangen As-salāmu 'alaykum = Friede sei mit Euch.

Der Prophet Jesaja prophezeit im Alten Testament, dass die Augen der Blinden sowie die Ohren der Tauben geöffnet und Schwerter zu Pflugscharen geschmiedet werden. Diese Weissagungen klingen wie der uralte Traum der Menschheit von einem endgültigen, wahren Frieden. Ein Blick in die Zeitung genügt jedoch, um ernüchtert festzustellen, dass wir hiervon weit entfernt sind. Nein, die wunderbaren Zukunftsbilder, die Jesaja uns vor Augen führt, haben mit der bitteren Wirklichkeit nichts zu tun. Das ist jedoch nur die eine Seite. Denn da war z. B. Martin Luther King, der von einem friedlichen Zusammenleben aller Menschen zu träumen gewagt hat – oder Mahatma Gandhi, der die Vision hatte, nur durch gewaltfreien Widerstand Unabhängigkeit und Gerechtigkeit für die indische Bevölkerung zu erreichen – und der das geschafft hat, was keiner für möglich gehalten hat.

Bei allen Zweifeln und Vorbehalten – Was bliebe denn vom Leben, wenn wir nicht Träume und Visionen hätten, sie sind einfach lebensnotwendig, überlebensnotwendig. In diesem Zusammenhang finde ich die nachstehende Geschichte von Dorothee Sölle ermutigend:

Die Leute im Mittelalter, welche die Kathedralen gebaut haben, haben sie nie fertig gesehen. Hunderte Jahre wurde daran gebaut. Da hat irgendein Steinmetz eine wunderschöne Rose gemacht; sie war sein Beitrag, sein Lebenswerk. Aber ohne seine einzigartige Rose, wäre die Kathedrale nicht geworden, was sie ist. Dennoch: eines Tages gab es die fertige Kathedrale wirklich. So ähnlich müsst Ihr Euch das mit dem Frieden vorstellen.[94]

Es kommt darauf an, uns in Gruppen für Frieden und Gerechtigkeit zu engagieren und nach einem vertrauensvollen, friedlichen, schöpferischen Miteinander zumindest in unseren Tanzkreisen zu streben.

Uns verbindet die Suche nach dem Sinn des Lebens. Die Ausdrucksformen sind so vielfältig, wie die Menschen und Kulturen. Doch sollten wir nicht vergessen: im Herzen sind wir alle Eins.

Anstoß zum Frieden

(Auszug)

Stellt die Meinungen ein
dass die Liebe gedeiht
lasst die Liebe blühen
dass der Frieden wächst
Lasst den Frieden in Euer Herz
dass die Menschen erlöster aussehen

Befreit den Menschen
damit er von den Ansichten lässt
und die Meinungen einstellt
und sagen kann
ich bin für Dich
und nicht gegen Dich
Ich bin mit Dir
und nicht vor Dir oder nach Dir
Ich bin neben Dir und nicht über Dir
Ich bin bei Dir
Auch wenn Du gegen mich bist...

Lasst uns Gottes versammelte
Großzügigkeiten werden
Und seine Artisten sein
Die Welt überwinden
nicht mit Leichtigkeit gewiss
Aber mit Zuversicht
Geduld und Freundlichkeit…

Öffnen wir unsere Augen und unsere Herzen
und nehmen wir endlich das Geschenk an
Es ist unsere einzige Chance
WELTFRIEDEN zu machen
Und allen Menschen ein Wohlgefallen zu bereiten.

Hanns Dieter Hüsch[95]

Tanzen für den Frieden

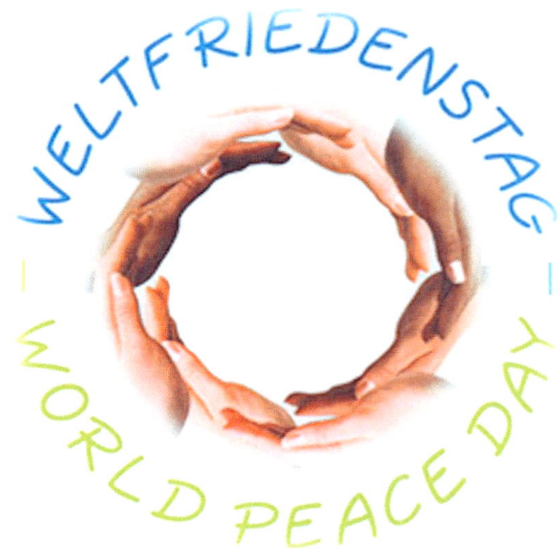

Weltfriedenstag

Die UN-Generalversammlung hat am 7. September 2001 einstimmig beschlossen, dass der Weltfriedenstag „International Day of Peace" ab 2002 jedes Jahr weltweit am gleichen Tag, am 21. September gefeiert werden soll. Dieser Tag soll genützt werden, um die Idee des Friedens sowohl innerhalb der Länder und Völker als auch zwischen ihnen zu beobachten und zu stärken. Allerdings findet der Tag bis heute in der Öffentlichkeit relativ wenig Beachtung.

Das wollte ich ändern. Es ist mir eine Herzensangelegenheit, mich für den Frieden in der Welt einzusetzen. Ich halte es mit Goethe: „Ich bin ein Kind des Friedens und will Frieden halten für mich und mit der ganzen Welt, da ich ihn einmal mit mir selbst geschlossen habe". So lade ich jedes Jahr alle Tanzgruppen ein (Meditation des Tanzes, Sacred Dance, Meditation in Bewegung, Liturgischer Tanz, meditatives Tanzen, Bibel getanzt, Folklore-Tanzkreise, Senioren Tanz-Gruppen, Circle dance, Sacrale dans, dancas sagradas, Meditazione della danza, etc. etc.), am Weltfriedenstag einander die Hände zu reichen, um für den Frieden und für eine offene Welt der Toleranz zu tanzen.

Miteinander – Aufbrechen

für eine offene Welt der Toleranz
die sich nicht durch die Angst bestimmen lässt
sondern durch das Gute in jedem Menschen

Miteinander unterwegs sein
in einer multikulturellen Welt
die Menschen verschiedener Religionen
zum gemeinsamen Friedensweg bewegt

Miteinander Widerstand wagen
für eine gastfreundliche Welt
in der der Fremdenfeindlichkeit
der Nährboden entzogen wird.

Pierre Stutz[96]

Diese Initiative wurde inzwischen von vielen Tanzgruppen begeistert aufgegriffen, und zwar weit über die Grenzen Europas hinaus bis hin zu Australien, Süd- und Nordamerika, Japan etc.

Jedoch erhielt ich 2014 auch folgende Reaktion: „Tanzen für den Frieden" können sich nur Menschen ausdenken, die gerade keinen Krieg erleben und keine Gewehrsalven oder Raketenexplosionen hören und auch die Nachrichten nicht so dicht an sich heranlassen. Menschen, die auf der Flucht sind, möchten nicht daran denken, dass wir ihnen unsere mitfühlenden Gedanken beim Tanzen schicken. Rennen Sie lieber ihren Abgeordneten die (internet)Türen ein, dass unsere Wirtschaft die Einnahmen durch fehlende Waffenverkäufe zu verkraften lernt…"

Ich habe darauf Folgendes geantwortet: „Meine Tochter Saskia und ich unterrichten seit 12 Jahren während unserer (eigentlichen) Ferien in einer Reihe von brasilianischen und argentinischen Städten, um die von uns gegründete „Stichting Favela-Kinder-Rio" finanziell zu unterstützen. Im Laufe der Jahre haben wir unsere Aktivitäten auf die Hafenschule Rio und zwei weitere Favela-Projekte in Recife ausgeweitet. Es ist unerträglich, aus der Nähe mitzuerleben, wie unsere Kinder und deren Mütter täglicher Gewalt und der Bedrohung durch die Mafia ausgesetzt sind. Es führt zu weit, alle Gräueltaten aufzuzählen; aber glauben Sie mir: in den Favelas herrscht nicht nur Armut sondern Elend und Krieg. – Es ist mir schmerzlich bewusst, dass ich nicht die Welt retten kann, aber es macht mich glücklich und dankbar, dass ich einigen wenigen Kindern und Jugendlichen zu einer besseren Zukunft verhelfen konnte und immer noch kann, wovon wir uns bei unseren jährlichen (selbstfinanzierten) Besuchen immer wieder überzeugen können. – Es ist sehr wichtig, dass Menschen versuchen zu helfen, jede/r auf ihre/seine Weisen. Das Türen-Einrennen bei den Politikern – auch das ist essentiell – muss ich Ihnen überlassen.

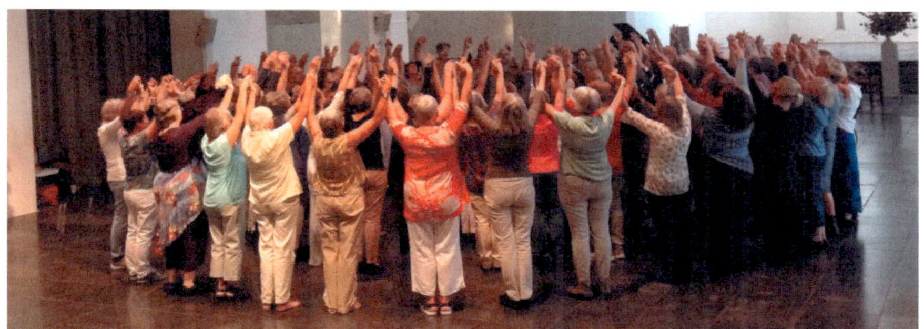

Tanzen für den Frieden in Utrecht mit 185 Teilnehmern

Im Jahre 2015 organisierte ich zum ersten Mal ein großes Friedenstanzfest mit 200 Menschen in der Geertekerk in Utrecht (siehe Abb. oben). 2016 habe ich dann zusammen mit meinen Töchtern Saskia und Nanni – in drei Ländern (Deutschland, in der Schweiz und in den Niederlanden) große Friedens-Tanzfeste veranstaltet. Der Höhepunkt bildete das Konzert von JOANNE SHENANDOAH, der Grammy-Award-Gewinnerin und Friedensaktivistin.

Außerdem habe ich eine CD „Wishing you Peace" mit 12 Friedenstänzen (I wish you Peace, Eirene, Gate of Peace, Shalom Salam, Estrella de la Paz, Forgiveness, Friedensgebet der Erde, Vision, Unta – the dream, Rauha – Peace und Blessing) und ein zweisprachiges Begleitbuch (englisch – deutsch) herausgegeben.

2018 haben meine Tochter Saskia und ich in England mit einer großen Gruppe für den Frieden getanzt und 2019 wird es eine Großveranstaltung in Berlin geben.

Wichtig ist mir in diesem Zusammenhang ein Lied der Sängerin und Liedermacherin Yael Deckelbaum „Prayer of the Mothers“ (ich habe dieses Lied choreographiert), das gemeinsam mit Frauen der Bewegung „Women Wage Peace“ entstand, die sich für eine friedliche und gewaltfreie Lösung des israelisch-palästinensischen Konfliktes einsetzen. Die Bewegung bringt seit ihrem Entstehen im Sommer 2014, Frauen aller Religionen und aus allen Nationen zusammen, um einen wahrhaftigen Dialog zur Beendigung von Krieg und Gewalt in Gang zu bringen und einen neuen Geist für Hoffnung und fundamentalen Wandel zu erwecken, der nur mit der alles umfassenden Kraft von Frauen, dem Mütterlichen, dem Bewahrenden und Nährenden, geschaffen werden kann.

Sie waren es auch, die den „Marsch der Hoffnung“ zusammen mit einem breiten Bündnis von Frauenorganisationen ins Leben gerufen hatten, bei dem tausende von israelischen und palästinensischen Frauen zwei Wochen lang quer durch Israel nach Jerusalem wanderten, um ein gewaltfreies und für beide Seiten akzeptables Ende des Konfliktes zu fordern (wo/men’s Peace Marches).

Der Marsch endete mit einem gemeinsamen jüdisch-muslimischen Gebet für den Frieden von 4000 Frauen in Qasr el Yahud am nördlichen Ende des Toten Meeres sowie der Forderung nach Taten zur Beendigung des Konfliktes von 15000 Demonstranten vor der Residenz von Premierminister Netanyahu in Jerusalem.

Eine Botschaft von Leymah Gbowee, die den Friedensnobelpreis für ihren Beitrag zur Beendigung des Bürgerkrieges von 2003 in ihrem Heimatland Liberia erhielt, an die TeilnehmerInnen des Marsches, während dem sie ihren Segen für eine friedliche Lösung des Konfliktes aussprach und gleichzeitig Mut machte, weiter für diesen Frieden zu kämpfen: „Friede ist möglich, wenn Frauen mit Integrität und unerschütterlichem Glauben an das Gute für die Zukunft ihrer Kinder aufstehen“ (women of the world unite).

Estrella de la Paz - Stern des Friedens

Liedtext:

Alleiniger Herrscher, ATAHUALPA,
wache auf
und du wirst das Volk, das du liebtest,
geknebelt sehen und in Ketten.
Wache auf Atahualpa

Wir Kinder der Sonne
haben gesehen,
wie Du beim Kampf
in das andere Leben entschwandest -
zwischen Tränen aus Blut.
Wache auf Atahualpa

Schon als ich die MISA LATINOAMERICANA choreographierte erfuhr ich vom Schicksal des letzten Herrschers des Inkareiches Atahualpa (ca. 1500-1533) und der indigenen Völker in Süd- und Nordamerika.

Im Jahre 1532 landete Francisco Pizarro an der peruanischen Küste. Atahualpa unterschätzte die Gefahr, die von der Ankunft der Spanier ausging. Ein Mönch, der die Spanier begleitete, forderte ihn auf, sich zum Christentum zu bekehren. Dabei überreichte er ihm die Bibel, „das Wort Gottes“. Die Inkas jedoch kannten keine Schrift und Bücher waren ihnen auch unbekannt. Daraufhin nahmen Pizarros Soldaten Atahualpa gefangen und richteten unter seinen 4.000 bis 5.000 Kriegern ein Blutbad an.

In der Hoffnung freigelassen zu werden, bot Atahualpa Pizarro an, den Raum, in dem er gefangen war, mit Goldgegenständen bis zu der Höhe, die er mit ausgestreckter Hand erreichen könnte, und zusätzlich den benachbarten Raum zweimal in gleicher Weise mit Silber füllen zu lassen.

Mehr als drei Monate brachten die Inkas Gold und Silber nach Cajamarca. Dort wurden die Gold- und Silberschmuckstücke eingeschmolzen. Obwohl man Atahualpa versprochen hatte, sein Leben zu schonen, wurde er nach Bezahlung des Lösegeldes 1533 ermordet.

Wenn ich in Süd- oder Nordamerika unterrichte, erfüllt es mich jedes Mal mit tiefer Scham, was wir Christen vielen indigenen Menschen sogenannt „im Namen Gottes“ angetan haben. Das veranlasste mich, zu der Musik „Atahualpa“ von José Pajares den Tanz „Estrella de la Paz – Stern des Friedens“ zu choreographieren.

„Die Zahl ist das Wesen aller Dinge“, sagt Pythagoras (600 v. Chr.), denn damals galt die Zahl nicht zum Errechnen von Dingen, sondern ganz allein als Ordnungsprinzip der Welt.

Ganz zentral steht in diesem Tanz die Zahl 7. Die 7 als Zahl der Vollkommenheit (die 7 Töne der Oktave, die 7 Farben des Regenbogens etc.). Aus spiritueller Sicht ist die 7 eine heilige Zahl, die Zahl für Harmonie und Wachstum, Schönheit und Reinheit. Sie steht auch für Menschen, die als Vermittler fungieren.

Der A-Teil des Tanzes beginnt nach 7 Takten – Hände vor dem Köper: rechts empfangend – links gebend.

Viermal tanzen wir: Schritt mit rechts (plié) nach rechts, zurückwiegen auf links (durch plié), wiegen auf rechts (durch plié), linker Fuß schließt an. Plié und aufstrecken.

Dann folgt eine **drei**malige Gebärde: – Blick folgt der rechten Hand, die hochgeführt wird (Handfläche nach oben geöffnet, flex) – gleichzeitig linke Hand nach unten führen (Handfläche zeigt nach unten, flex). Dann werden beide Hände gewendet und wieder vor die Körpermitte geführt (jetzt zeigt die rechte Handfläche nach unten, die linke nach oben).

Zwischenstück: Wieg rechts, wieg links, wieg rechts, links schließt an in Tanzrichtung, plié und aufstrecken.

Beim B-Teil wird 7-mal ein Kreuz ✝ getanzt. 2 Walzerschritte auf der Kreislinie, mit links beginnen, dann Schritt auf links (Gesicht zur Mitte), Schritt mit rechts nach rechts, Schritt mit links nach links (in GTR), großer Schritt mit rechts zur Mitte, Schritt mit links rückwärts zur Kreislinie, großer Schritt mit dem rechten Fuß nach außen (Gesicht in TR).

Der A-Teil wird in Gegentanzrichtung wiederholt (4mal und 1mal die Gebärde).

Den C-Teil tanzen wir dreimal zur Mitte, und zwar handelt es sich hier um das 7-fältige Kreuz. 1 Walzerschritt zur Mitte mit rechts, Schritt auf links in die 4. Position plié (= tiefe Kniebeuge) – Arme diagonal ausstrecken (= Horizontale), halbe Drehung über links (relevé) – gleichzeitig – Arme weit nach oben führen, tiefe Kniebeuge) mit beiden Beinen – Hände (flex) übereinander von oben nach unten führen (Vertikale), und wieder aufstrecken – nach außen wiederholen.

Nachdem der A-Teil in Tanzrichtung wiederholt wurde, bilden wir 3er Gruppen, tanzen strahlenförmig zur Mitte und bilden einen Stern, aus dem dreimal 3 Kreise entstehen, indem alle sich zur Mitte wenden.

Das Ganze wird in Gegentanzrichtung wiederholt. Man kommt dann zurück zum großen Kreis, tanzt den B-Teil 6mal, den A-Teil 4mal sowie den C-Teil zur Mitte 3mal.

Zum Schluss gehen wir aufeinander zu (mit dem A-Teil) und reichen einander die Hände.

Favela-Projekte

Drei Dinge sind uns aus dem Paradies geblieben:
die Sterne der Nacht,
die Blumen des Tages
und die Augen der Kinder.

Dante Alighieri

Mit 8 Jahren ging ich zusammen mit meiner Schwester zur ersten hl. Kommunion. Mein Vater war im Krieg gefallen und durch einen Bombenangriff hatten wir alles verloren. Damals wurde in mir der tiefe Wunsch geboren, später einmal bedürftigen Kindern zu helfen.

Als meine Tochter Saskia und ich zum ersten Mal in Brasilien unterrichteten, besuchten wir auf Initiative meiner Tochter ein Favela-Projekt in Rio. Es war erschütternd, hautnah die unbeschreiblich große Armut in den Favelas mit anzusehen und zu erleben, wie groß der Einfluss der Drogenmafia ist. Frage: Wie kann man helfen, wo anfangen? Zu diesem Zeitpunkt fiel mir eine kleine brasilianische Geschichte in die Hände:

Vor langer, langer Zeit, als die Erde noch jung war und die Märchen noch wahr waren, lag am Ufer eines Flusses ein großer Wald, in dem viele Tiere lebten.

Eines Tages brach ein gewaltiges Feuer aus. Die Tiere hatten Angst und waren vor Verzweiflung wie gelähmt. Nur ein kleiner Kolibri ließ den Kopf nicht hängen. Er flog zum Fluss, holte einen Schnabel voll Wasser und ließ diesen kleinen Wassertropfen auf den brennenden Wald fallen. Das tat er immer wieder.

Die anderen Tiere sahen ihm zu und lachten jedes Mal, wenn der Kolibri den dürftigen Inhalt seines winzigen Schnabels auf das Feuer goss. „Was willst du kleiner Vogel schon ausrichten? Wie willst du den Brand löschen?“, sagten die Tiere verächtlich.
Da antwortete der Kolibri: „Ich leiste meinen Teil. Jetzt seid ihr an der Reihe.“

Und so dachten wir: Wenn schon ein kleiner Kolibri zum Löschen eines Brandes beitragen kann, wieso nicht auch wir? Wir gründeten einen gemeinnützigen Verein (Stichting Favela-Kinder) in den Niederlanden und versendeten einen Rundbrief an unsere Tanzgruppen und baten um Spenden. Das Echo war überwältigend. Viele Menschen übernahmen eine Patenschaft für ein Kind, andere unterstützten uns mit Geldbeträgen.

Da man Menschen nur helfen kann, indem man ihnen hilft, sich zu entwickeln, gründeten wir in Rio für die Mütter unserer Kinder ein Frauenprojekt. Die Frauen trafen sich einmal wöchentlich in einem Klassenzimmer, das uns von einer Schule gratis zur Verfügung gestellt wurde. Sie lernten von Claudia, der Projektleiterin, viel in handwerklicher Hinsicht (Nähen, Batiken etc.).

Die vielen Einzelschicksale berührten unsere Herzen. Väter, die ihre (unsere) Kinder krankenhausreif schlugen, Eltern, die an Aids starben, zwei unserer Kinder, die in den Schlammlawinen umkamen, acht unserer Jungen, die erschossen wurden. Joao Marco suchte verzweifelt nach einem Job. Sergio wurde in eine geschlossene Anstalt aufgenommen usw.

Die Mutter von zwei unserer Kinder erkrankte lebensgefährlich und verbrachte mehrere Wochen im Krankenhaus. Sie war noch vor einigen Jahren Analphabetin und ist eine sehr selbstbewusste Frau geworden. Wir waren zu Tränen gerührt, als sie uns ein bezauberndes Lied vorsang, das sie für mich geschrieben und komponiert hat.

In jedem Jahr flogen wir nach Brasilien – manchmal begleiteten uns Dr. Sabine Olbrich, Lydie Ruch und Gertrud Sorg –, um unsere Kinder zu besuchen und in mehreren Städten workshops zu geben:

Sao Paulo, Porto Alegre, Florionapolis, Brasilia, Salvador, Rio de Janeiro, Recife etc. Wir tanzten für unsere Kinder, denn die Honorare spendeten wir unseren Projekten.[97]

Die **Unterstützung der Stiftung Favelakinder** in 2014 bestand im wesentlichen aus folgenden Elementen:

(Auszug aus dem Tätigkeitsbericht des Teams Galpão dos Meninos e Meninas de Santo Amaro Recife – Pernambuco – Brasil 2014 für die Stichting Favela-Kinder von Hans Pepi Schweigert: Pädagogischer Berater und Consultant für Organisationsentwicklung.)

- Bezahlung des Lehrers des Percussions-Workshops

- Reparatur der Musikinstrumente und der Kauf von neuen Percussionsinstrumenten für den Unterricht durch das Konservatorium

- Kauf und Installation eines neuen Zeltdachs für die überdeckte Außenfläche des Galpão. (Das alte „Zirkuszelt" war gerissen und nicht reparierbar. Die überdachte Fläche schützt im Sommer gegen die Sonne und im „Winter" gegen den Regen – für die Aktivitäten des Galpão mit Tanz und Percussion, sowie für Versammlungen der Familien und Feste von fundamentaler Bedeutung.)

- **Tanz**

Kinder und Jugendliche, die an diesem Workshop teilnahmen, entwickelten soziale und künstlerische Kompetenz und Potential. Sie präsentierten ihre Choreographien auf Veranstaltungen in Schulen, im Stadtteil, aber auch außerhalb.

Der Tanz ist an allen Festen und Feiern beteiligt. Die Teilnehmer der Tanzgruppe waren immer bereit, bei allen Aufführungen ihr Bestes zu geben mit Frevo, Maracatu, Caboclinho, Afoxé, Coco de Roda, Ciranda, Xaxado und Quadrilha, den Volkstänzen der Region.

Der Tanz hilft den Kindern und Jugendlichen ihre Sorgen und Probleme durch Momente der Leichtigkeit, der Freude, des Lachens und der Entspannung zu ersetzen und dabei den Weg zum Protagonisten ihrer eigenen Geschichte zu finden.

Der Tanz zusammen mit der Percussion und der klassischen Musik machen die Veranstaltungen des Galpão (z.B. beim Weihnachtsfest) immer mehr zu kulturellen Höhepunkten und legen Zeugnis von der Qualität unserer Arbeit ab.

- **Percussion**

Dieser Workshop fördert und hilft den Kindern bei ihrer sozialen Entwicklung, sich selbst auszudrücken und weckt ihren kritischen und kreativen Sinn, hilft den eigenen Rhythmus zu finden und in der Gruppe auszudrücken und dabei Harmonie zu finden.

Die Percussionsgruppe war an allen Veranstaltungen des Galpão dabei. Die Beteiligung der Mädchen in der Gruppe war sehr stark. Sie sind neugierig, lernen und spielen alle Instrumente, selbst die, welche von den Jungen wegen ihres Schwierigkeitsgrades abgelehnt werden. Sie standen ihre „Frau“ mit Anmut und Charme, zeigten ihre Fähigkeiten, neue Rhythmen zu entwickeln und brachen Barrieren und eroberten Räume, die vorher dem männlichen Geschlecht vorbehalten waren.
Alle Kinder und Jugendliche im Galpão zeigten großes Interesse, die Rhythmen, die Teil der Geschichte und Wurzeln Brasiliens sind, kennenzulernen.

- Der Workshop **„Umwelt und Kunst“**

Seit 1999 ist in Brasilien das Gesetz Nr 9795 in Kraft, das besagt „Umweltbildung ist ein wesentlicher und fester Bestandteil des Bildungsprozesses in artikulierter Form auf allen Ebenen und in allen Modalitäten.“

Es ist eine Tatsache: Bildung ist eng mit sozialen Einstellungen verbunden. Wir verfolgen, wie und wenn 6- bis 9- jährige Kinder im Workshop berichten, dass sie ihre Eltern und Nachbarn dazu anregen, die Umwelt zu schonen, Wasser zu sparen und den Müll zu trennen. Es freut uns sehr zu wissen, dass wir so, zusammen mit der Familie, der Schule und der Gemeinde, einen Teil der Verantwortung für die Umwelt übernehmen, indem wir das Bewusstsein für Umweltbildung fördern.

Eine der Aktionen der Kinder in der Gemeinde (Favela) war, auf dem Grundstück des Galpão einen Garten anzulegen und zu pflegen.
Eine andere Aktion war das Sammeln von Pet-Flaschen, Dosen, Kunststoff, Papier, Metall und anderen Materialien, die an eine Recyclingfirma verkauft wurden. Mit Recycling-Materialien wurde auch Kunsthandwerk produziert, Spiele, Spielzeug, Instrumente, etc.

- **Fußball**

In unserem Programm versuchten wir den Sport zu integrieren, zu sozialisieren, um durch Regeln und Taktiken fürs Leben zu lernen. Fußball als Instrument zur Integration und Sozialisation, zur Gewährleistung der Rechte der Kinder und Jugendlichen ohne jede Art von Diskriminierung.

Einige hatten anfangs viele Schwierigkeiten, Emotionen, vor allem die Gewaltbereitschaft, zu steuern. Im Laufe des Workshops konnten sie jedoch durch den Fußball Ruhe, Liebe, Respekt, Geduld und interpersonelle Empfindsamkeit entwickeln.

- **Die Arbeit mit Jugendlichen (Jugendnetz)**

Die Jugendlichen (ab 16 Jahre) finden im Galpão ein eigenes Tätigkeitsfeld. Sie werden als Multiplikatoren für Umwelt und Kommunikation in der Gemeinde ausgebildet und setzen das Gelernte in konkrete Aktionen um.

Im Kommunikationsbereich führten sie eine Fragebogenaktion in der Gemeinde durch über das Thema „Fußballweltmeisterschaft in Brasilien und Missbrauch und Ausbeutung von Kindern und Jugendlichen". Die Ergebnisse dieser Studie wurden in Seminaren über sexuellen Missbrauch und Ausbeutung von Kindern und Jugendlichen vorgestellt und diskutiert.

- **Das Weihnachtsfest**

Wie jedes Jahr war der Abschluss des Jahres das traditionelle Weihnachtsfest, in dem die Schüler aller Workshops dem Jesuskind ihr Geschenk bringen. Das Fest fand dieses Jahr vor großem Publikum statt. Mit dieser Veranstaltung wurde das neue Zeltdach eingeweiht, das mit der Spende der Stiftung Favelakinder gekauft werden konnte.

Die Aufführung mit der Kombination von Poesie, Tanz, Musik und Percussion war diesmal besonders gut gelungen. Das Konservatorium, das für den Kurs mit Violine und Violoncello im Galpão verantwortlich ist, brachte sein Jugendorchester mit, in dem schon einige Schüler aus dem Galpão mitspielen.

• Bericht der Gruppe AdoleScER

Vieles haben wir in den vergangenen Jahren miteinander bewirken können. Aus einst unterernährten Säuglingen und Kleinkindern wurden z.B. durch die drei wesentlichen Pfeiler Gesundheit, Bildung, Bürgerrechte der **Grupo AdoleScER - Recife** in mehreren Elendsvierteln 15.000 jugendliche Informationsvermittler herangebildet und wertvolle Hilfe zur Selbsthilfe geleistet. Auch in diesem Jahr erreichte uns ein eindringlicher Hilferuf. Da wir die Überzeugung der Grupo AdoleScER teilen, dass durch Bildung der Teufelskreis von Armut und Gewalt, Drogen, Teenager-Schwangerschaften, HIV/AIDS durchbrochen werden kann, war es uns erneut ein Anliegen, diesen jungen Menschen zu helfen.

Gunde Schneider, die Projektleiterin in der gefährlichsten Favela, schrieb uns:

Was das Projekt betrifft: Es handelt sich um zwei Bereiche, für die wir dringend Hilfe benötigen: Für den Start einer neuen Ausbildung von weiteren 100 Jugendlichen zum Informationsmultiplikator **und für den Kauf von Lebensmitteln für die Imbiss-Zubereitung** der Kinder und Jugendlichen, die an den Aktivitäten von AdoleScER in den Armenvierteln teilnehmen. Da sehr viel Tanz dabei ist, brauchen die Kinder etwas zu essen. Von einigen wissen wir konkret, dass sie zu Hause nicht ausreichend satt werden und wir insgesamt *7000 Imbisse pro Monat zubereiten, 1750 pro Projektstandort.* Auch sind die **Transportkosten** der ErzieherInnen und Peer Educators zwischen den

Armenvierteln und dem Hauptsitz von AdoleScER gestiegen, da sie sich untereinander bei all den vielen Aktivitäten mit 145 Jugendlichen in Ausbildung und 130 Kindern ab dem 7. Lebensjahr helfen müssen.

„Es ist wie ein Wunder: Wir sind froh und dankbar für Eure Fürsorge, Friedel, Du weißt nicht, wie sehr Du uns bereicherst, nicht nur finanziell, aber auch mit all den schönen Kreistänzen, die wir mit unseren Kindern und Jugendlichen täglich tanzen!"

Bis zum Ausscheiden von Gunde Schneider konnten wir diesem Projekt jährlich größere Geldbeträge zukommen lassen.

Hafenschule in Rio

Pater Eckart (†) begründete und leitete eine in Brasilien einzigartige Schule mit 1200 Favela-Kinder, ein großes Krankenhaus, eine Art SOS-Kinderdorf, in dem (einige schon im Säuglingsalter) missbrauchte und verwahrloste bzw. von ihren Müttern verlassene Kinder betreut werden. In Deutschland wurde ihm von Bundesaußenminister Steinmeier die Quadriga überreicht. Wir haben diese Schule und das Kinderdorf jahrelang mit größeren Beträgen unterstützen können.

Den Tätigkeitsberichten muss ein **HERZENSBERICHT** folgen:

Bei jedem unserer Besuche unternahmen wir einen Ausflug, z.B. auf die Insel Paqueta oder zum Corcovado. Immer wieder sind wir von Rio begeistert und ganz besonders, wenn uns die Stadt zu Füßen liegt. Alle (ca. 60 Personen) sind dann unbeschreiblich aufgeregt und froh, uns zu sehen. Das Küssen und Umarmen nimmt kein Ende. Unsere Familien sind uns im Laufe der Jahre sehr ans Herz gewachsen und es verbindet uns mit ihnen eine herzliche Zuneigung. Wir finden immer Zeit und Muße, mit jeder Mutter und allen Kindern zu sprechen und uns nach ihren Sorgen und Nöten zu erkundigen.

Beim gemeinsamen Mittagessen, dem Höhepunkt des Tages, findet das große Geschenkeverteilen statt. Auch wir werden immer mit Geschenken überhäuft z.B. mit einer patchwork-Decke. – Die Jugendlichen von AdoleScER in Recife z.B. beschenkten uns mit der Aufführung der

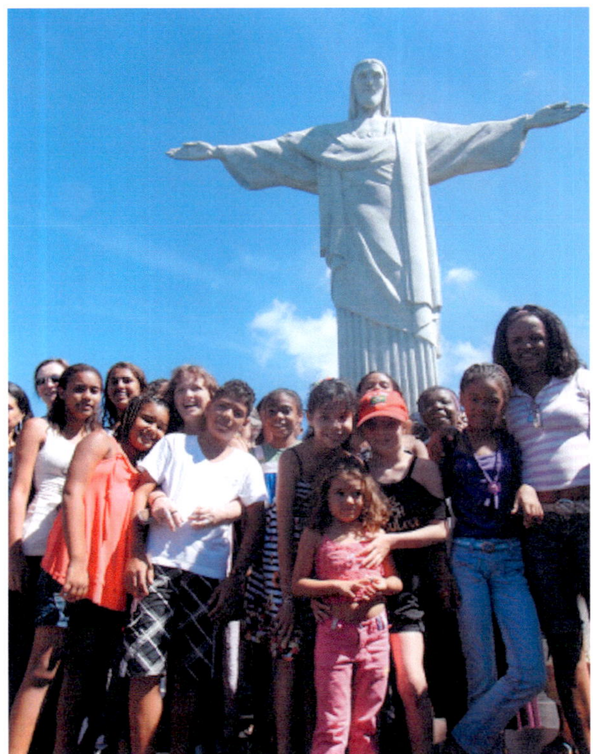

Ausflug mit Favela-Kindern

MISA LATINOAMERICANA und die Kinder von Galpão beglückten uns mit einem Konzert und einer Tanzvorführung.

Wir haben unseren Familien erzählt, wie viele Menschen dazu beitragen, dass sie bessere Lebensumstände bekommen, und dass wir alle darauf vertrauen, dass sie ihre Chancen wahrnehmen. Im Laufe der Jahre konnten wir uns immer wieder davon überzeugen, wie sich das Leben der uns anvertrauten Menschen grundlegend geändert und zum Positiven gewendet hat.

Victor, einer unserer Patenkinder, drückte seine Dankbarkeit folgendermaßen aus:

„Liebe Madrinha (Patentante), jeden Morgen, wenn die Sonne neu geboren wird, denke ich an Dich“; und Paulo schrieb: *„Ich habe ein ranking gemacht. Meine Mutter steht an 1. Stelle, an 2. Stelle mein Vater und dann kommst Du, nicht nur, weil Du uns Geld gibst, sondern weil Du an uns glaubst und uns vertraust.“*

Man muss das Große und Gute wollen.
Alles andere entscheidet das Schicksal.

A. von Humboldt

Der Friede beginnt in uns selbst.
Wenn wir mit uns selbst in Frieden leben,
können wir es auch mit anderen.
Jeder kann seinen Teil dazu beitragen.

Wilson Martins, jugendlicher Erzieher - AdoleScER

Tanze mein Liebling

Tanze mein Liebling
schön bist Du
wirf mir das All,
deinen Ball jetzt zu.
Tanz durch die leeren Gewölbe.
Tanzen und Sein ist dasselbe.

Tanze mein Liebling
die Zeit ist aus
tanz durch ihr leeres
verschwundenes Haus.
Du und Dein Ball sind geblieben.
Tanzen heißt leben und lieben.

Tanze mein Liebling
mein Herz ist allein
wirf mir nun Welten
und Menschheit hinein.
Wirf sie –
auch wenn sie vergehen.
Tanzen
ist auferstehen.

Silja Walter[98]

Seit den Urtagen unserer Kultur hat sich der denkende und der weise gewordene Mensch Gedanken gemacht über den seltsam tiefsinnigen Sinn des Tanzens, von Platon angefangen bis zu den Kirchenvätern und den Weisen des Mittelalters. Ist doch schon das uns allen so geläufige Wort „der Ball“ eines jener Worte, das uns aus der griechisch-römischen Urwelt unserer Kultur übermittelt worden ist und also zeigt, wie tief die uns scheinbar so geläufigen und kaum je auf ihren Ursprung hin bedachten Worte unserer Alltagskultur in der Sprache von Hellas und in der Kultur des christlich geworden römischen Imperiums wurzeln.

In der spätlateinischen Sprache des volkstümlichen Alltags bedeutet das Wort „ballare“ das Tanzen, und das ist schon für die Römer der ausgehenden Antike ein aus dem Griechischen übernommenes Fremdwort, denn es kommt aus dem griechischen „ballizein", das heißt „die Tanzbeine schwingen, hüpfen, Tanzsprünge machen".

Das spätlateinische Wort ist in der italienischen Volkssprache lebendig geblieben; ballare und Ball wird von dort aus zum klassischen Wort für dieses unüberwindlich schöne Vergnügen des Menschen, und wir alle erinnern uns, um nur ein Beispiel zu nennen, an die entzückende Cantilene aus Mozarts Figaro vom „ballare“ des Signor Contino. Jeder Ball mag uns also daran erinnern, dass hier etwas getan wird, was schon die Griechen einen „ballismos“ nannten.

Hugo Rahner[99]

Curriculum Vitae

Friedel Kloke-Eibl (geb. 1941)

Ballettunterricht seit dem 5. Lebensjahr bei verschiedenen Tanzlehrern u. a. 2 Jahre lang in Island.

Studium in Köln.

Studienaufenthalte in Cambridge und Paris.

1964 Heirat. Drei Kinder.

1966-1990 wohnhaft in den Niederlanden.

1978 Begegnung mit Professor Bernhard Wosien (Ballettmeister, Choreograph, Maler und Begründer der Meditation des Tanzes – Sacred Dance). Ab 1979 Mitarbeiterin von B. Wosien. Gemeinsame workshops in verschiedenen europäischen Ländern.

1979 Übersetzung des Buches „Mysterienströmungen in Europa und die neuen Mysterien“ von Prof. Lievegoed, Stuttgart: Verlag Freies Geistesleben; Bernard C. J.: Anregungen zur anthroposophischen Arbeit, Stuttgart: Verlag Freies Geistesleben.

1980 Übersetzung des Buches „Konfliktmanagement. Diagnose und Behandlung von Konflikten in Organisationen (= „Organisationsentwicklung in der Praxis“) von Dr. F. Glasl.

1981 Gründung der „Stichting Sacred Dance“ und eines Ausbildungsinstituts unter dem Auspicium von Prof. B. Wosien.

1982 Gründung und Leitung von „DEMIAN – Instituut in Beweging“ in den Niederlanden. Hierüber wurde u. a. in der größten Tageszeitung in einem ausführlichen Artikel berichtet. Weitere Veröffentlichungen erschienen u. a. in Koorddanser, ebenfalls Radiointerviews. An diesem Institut mit 25 Mitarbeitern / Mitarbeiterinnen wurden erstmalig außerhalb der Tanzakademien die unterschiedlichsten Tanzrichtungen und Bewegungsmethoden unterrichtet: Klassischer Tanz, Indischer Tempeltanz, Modern Dance, Afrikanischer Tanz, Urtanz, Dynamic Dance Meditation, Meditation des Tanzes – Sacred Dance, Bauchtanz, internationaler Folkloretanz sowie Alexandertechnik, Feldenkrais, Musik, Obertonsingen etc.

Folkloretanz z. B. bei Ciga Despotovitch, Silviu Ciucimus, Moshiko Halevy und vielen andern. Tanzreisen nach Griechenland, Jugoslawien, Russland etc.

Seit 1982 Organisation und Leitung eines jährlichen Tanz- und Musikfestivals.

1985-1989 Reportagen von drei verschiedenen Fernsehsendern über die Arbeit von Friedel Kloke-Eibl in den Niederlanden.

1990 Gründung des Ausbildungsinstituts „Meditation des Tanzes – Sacred Dance“ in Deutschland. Ausbildungsgruppen in Deutschland, Irland, England, Brasilien und in der Schweiz.

Mitwirkung am Dokumentarfilm „Tu Deinem Leib Gutes“ (Bayerischer Rundfunk BR 2).

1996 Gründung des Fachverbandes „Meditation des Tanzes – Sacred Dance.“ Zwei Jahre lang Vorsitzende.

Herausgabe der Zeitschrift Balance. Redaktionsleitung 1996-2004. Seit 2004 in beratender Funktion.

Seit 1985 weit mehr als 100 Kreistänze für Laien mit unterschiedlichen Schwierigkeitsgraden choreographiert und Tanzzyklen: z. B. „Piktors Verwandlungen“, „Das Traumlied des Olaf Asteson“, „Engelwirken“, „Misa Latino Americana“. Bisher erschienen 15 CD’s mit eigenen Tänzen und Choreographien + Tanzanleitungsbüchern.

Workshops in Deutschland, Irland, England, Finnland, Schweden, Österreich, Portugal, Spanien, in der Schweiz, in den Niederlanden, Canada, USA, Argentinien, Brasilien, Uruguay, Mexiko, Bali, Japan, Ägypten, Russland etc.

In Zusammenarbeit mit ihrer Tochter Saskia Kloke und Lydie Ruch Gründung der „Stichting Favela-Kinder Rio" Unterstützung von mehreren Projekten (u. a. die Hafenschule in Rio) und Recife.

Produktion von fünf Videofilmen: „Getanzte Mandalas" (2002), „Meditation des Tanzes" (2004), „Spiegel meiner Seele", „Verwandlung" und „Engelwirken".

Seit mehreren Jahren engagiert sich F. Kloke-Eibl gemeinsam mit Saskia Kloke für die Friedensbewegung.

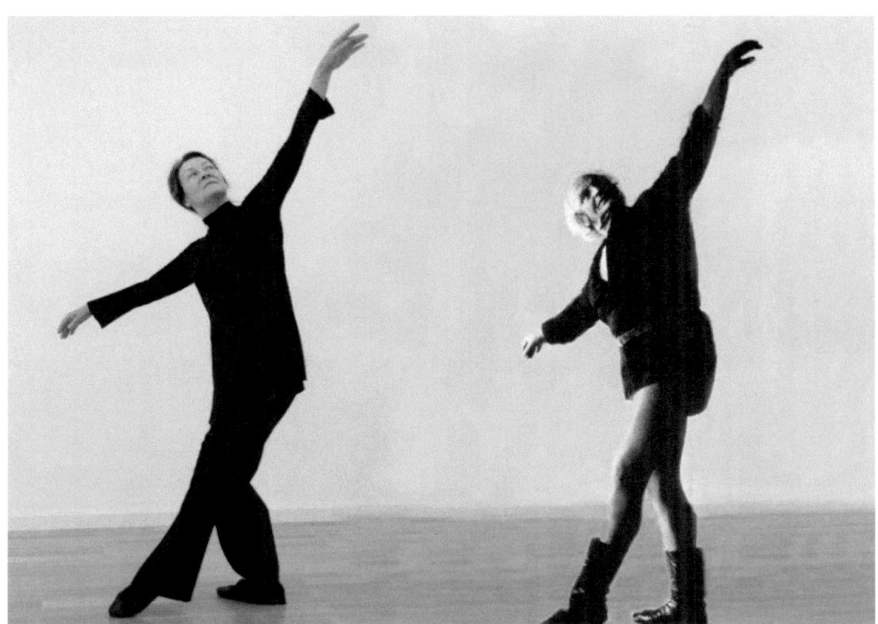

Friedel Eibl-Kloke und Bernhard Wosien

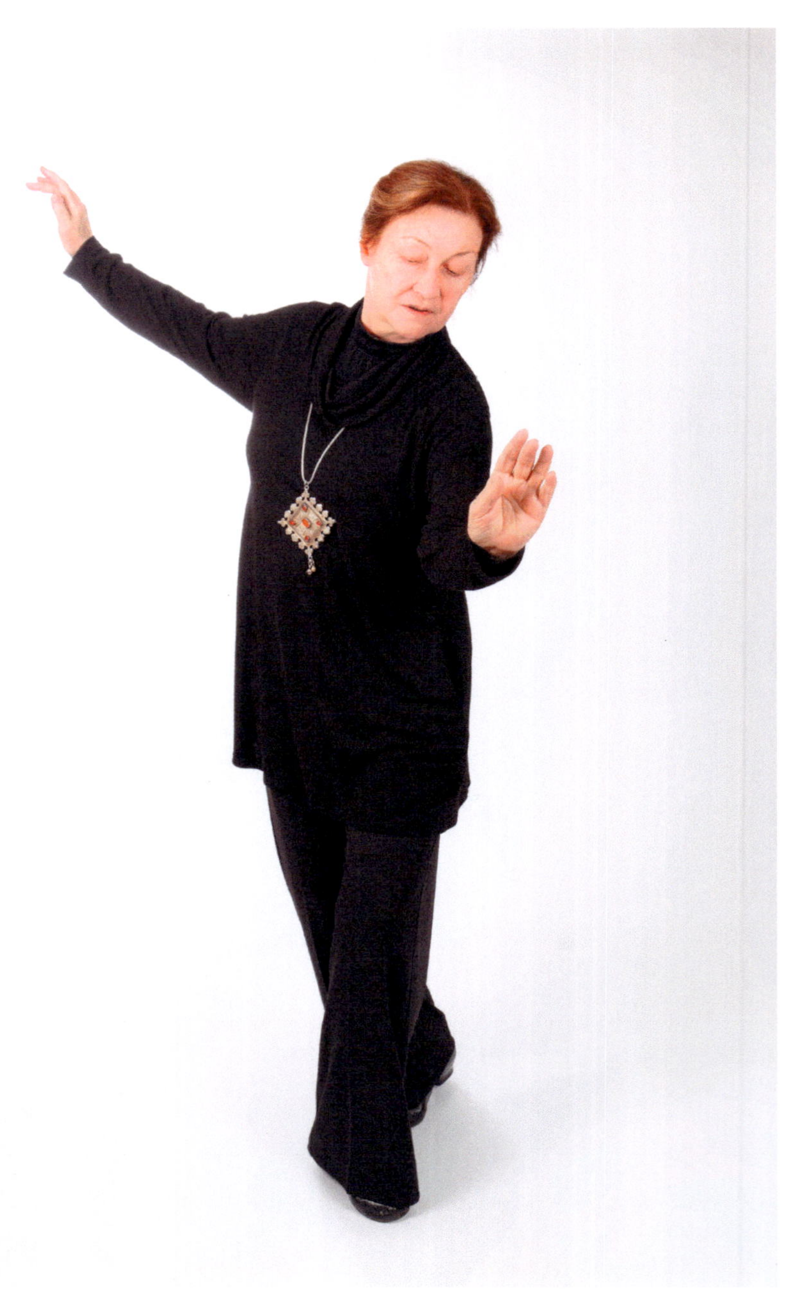

Über Friedel Kloke-Eibl

Doris Baumgartner

Wer Friedel Kloke-Eibl in ihren vielen Kursen, Seminaren oder bei anderer Gelegenheit begegnet, ist wohl immer angetan, ja bezaubert durch ihre Liebenswürdigkeit und beschwingte Leichtigkeit, aber auch die Ernsthaftigkeit und Innerlichkeit, die sich mit ihrer Arbeit verbinden.

Das Ausbildungsinstitut „Meditation des Tanzes – Sacred Dance“ trägt ihren Namen und das zeigt, dass sie innerhalb des meditativen Tanzens ihre eigene Richtung gefunden hat und diese ständig weiter entwickelt. Ihren Wurzeln freilich ist sie treu geblieben und diese sind das klassische Ballett und später dann die Zusammenarbeit mit Bernhard Wosien.

Bernhard Wosien, Tänzer und Choreograph, berichtet in seinem Buch „Mein Weg als Tänzer“ über sein Leben und Werk. Vielen bekannt ist er auch als „Vater des Sacred Dance“. In Findhorn wurde er zu einer ganz neuen Bewegungsform inspiriert, die dort sogleich begeistert als Sacred Dance aufgenommen wurde. Für Friedel Kloke-Eibl wurde die Begegnung mit B. Wosien zu einer entscheidenden, wegweisenden Fügung. Hier nun fand sich mit einem Mal all das zusammen, was sie immer durch ihre manchmal nicht leichten Lebensumstände begleitet hatte: Religion, Philosophie, die Liebe zur Kunst und vor allem zu Musik und Tanz.

Schon als Kind und Jugendliche galt ihre ganze Ausdauer und Begeisterung dem klassischen Ballett. Es wurde zwar nicht zum Beruf, aber die Beziehung dazu hat sie nie abbrechen lassen. Sogar in Island, wo sie bei einem zweijährigen Aufenthalt als Fremdsprachensekretärin und Dolmetscherin an der Deutschen Botschaft arbeitete, trösteten sie Ballett- und Klavierstunden über aufkommendes Heimweh.

Danach lebte sie mit ihrer Familie in den Niederlanden. Sie übersetzte einige Bücher u. a. das Buch von Prof. Lievegoed, Bernard C. J. „Mysterienströmungen in Europa und die neuen Mysterien“ und das Buch „Organisationsentwicklung“ von Prof. F. Glasl.

Die Begegnung mit Folklore allerdings kam eher zufällig, war erst einmal sogar befremdlich, wie sie gerne humorvoll erzählt. Aber ein Funke sprang über, wurde bald schon zum lodernden Feuer. Sie fand Lehrer, von denen sie auch heute noch mit großer Achtung spricht: u. a. brachten Ciga Despotovic, Silviu Ciucimus ihr die reiche Welt der Folklore nahe. Sie wurde dann auch lange Zeit Teil ihrer eigenen Arbeit, denn so musste es kommen, sie nahm selbst die Unterrichtstätigkeit auf, hielt und organisierte erfolgreich bald zahlreiche Kurse.

Auch dies ist ein unübersehbarer Wesenszug von F. K-E: immer aufgeschlossen für alle Geschenke des Lebens, erfasst sie schnell das Wesentliche, das ihr Entsprechende und geht dann mit Entschlossenheit und manchmal atemberaubender Schnelligkeit dem Gefundenen nach.

Der große Einsatz an Arbeit und Begeisterung hatte nicht zuletzt auch zu tun mit ihrem neuen Lebensabschnitt. Nach der Ehescheidung, als alleinerziehende Mutter von 3 Kindern galt es, sich beruflich neu zu orientieren. Zu diesem Zeitpunkt nun kam das Zusammentreffen mit B. W. und S. D, was bei ihr auf solch fruchtbaren Boden fiel.

Sie selbst sagt es so: „Ich wusste, dass sich mein Leben von Grund auf ändern würde. Das unvergleichliche Balletttraining bei B. Wosien, vor allem die méditation en croix ließ mich erkennen: dies ist mein Weg. Nicht: das mache ich jetzt, als ob ich auch etwas anderes tun könnte. Es war, als ob eine Weihe geschehen wäre. Drei Dinge waren zusammengekommen: der Tanz, das Religiöse, das Vermitteln."

Übrigens, das sei vorweggenommen, die Art ihres Vermittelns von Tänzen empfand ich als Kursteilnehmerin und Schülerin von Anfang an bemerkenswert im Vergleich zu Erfahrungen, die ich bei anderen Tanzleitern gemacht hatte. Es geschieht ohne wortreiche Erklärungen, ohne manchmal einengende Bildvorgaben, mit sparsamstem Vorzeigen, aber klaren Angaben und didaktischen Hilfen, die zuerst einmal die Tanzfreude erheblich steigern.

Erstaunt hat es mich auch immer wieder, wie sich große Ansammlungen von mehr als 100 Menschen, wie sie sich z. B. bei den jährlich stattfindenden Festivals zusammenfanden, zu deren eigenen Erstaunen ganz schnell als tanzende Gruppe bewegen, Raumformen erleben und sich dann erfreut und motiviert dem detaillierten Lernen der Tänze zuwenden. Oder auch, wie selbst bei Laiengruppen auf den ersten Blick verwirrende längere Choreographien, in bekömmliche Portionen zerlegt, die anfänglich Scheu verschwindet, weil ganz überraschend ein Ganzes entsteht und die gemeinsame Freude am Erarbeiteten sich mitteilt und motiviert.

Das, denke ich, kann sich F. K-E. ihrem Talent zuschreiben und ihrer Erfahrung in langjährigem Unterrichten.

In den Beginn der langen Lehrtätigkeit fällt die Gründung des „DEMIAN – Instituut in beweging“ in den Niederlanden und der „Stichting Sacred Dance“.

Doris Baumgartner 2001 (†2002)

Bildnachweise

Bast, Alfred: Seelenarbeit. Ausschnitt, 1989, S. 13
Bast, Alfred: Alter des Anfangs, 2002, S. 17
Bast, Alfred: Meditation, 2004 / 2005, S. 28
Bast, Alfred: Blütenzauber, S. 83
Bast, Alfred: Kraft und Gestalt, 1992, S. 84
Bast, Alfred: Ahornknospen, S. 108
Bast, Alfred: Rose, 2000, S. 132
Bast, Alfred: Sieben Apfelknospen, 2000, S. 144

Alle mit freundlicher Genehmigung von Alfred Bast,
entnommen dem Buch-Katalog LICHT GRUND 1968 -2018.

Friedel Kloke-Eibel, © fotowerkstatt-bernard.de, S. 4
Josua Boesch, der Seiltänzer. Mit freundlicher Genehmigung von Josua Boesch; © by noah-verlag, S. 39
Sieben Planete des Ptolomäus, S. 50
Henri Matisse, Skizze Innenrückseite der Rosenkranz-Kapelle in Vence, S. 59
Lichtkreuz von B. Wosien, S. 65
Friedel Kloke-Eibl und Bernhard Wosien, S. 72
Hortus Deliciarum: Die Philosophie mit den sieben freien Künsten (um 1180. wikipedia.com) S. 75
„Die Parabel der sieben Künste“ nach Diether Rudloff, S. 77
Lied des Tänzers, Grafik, S. 117
Bewegung der Erde aus Sicht der Venus, S. 130
Tanz der Frauen, S. 124, 131
Engel in der evang. Kirche in Passenheim, S. 141
Kelch, Catherine van Alphen, Aquarell, S. 156
Hiltunen, Irja, Tanz der Lichtträgerinnen, S. 159 und Cover
Friedel Kloke-Eibl, Unser Vater-Mutter, © fotowerkstatt-bernard.de, S. 164-167
Weltfriedenstag, S. 173
Tanzgruppe Utrecht 2015, S. 175

Ausflug mit Favela-Kindern, S. 188
Friedel Kloke-Eibl und Bernhard Wosien, S. 195
Friedel Kloke-Eibl, © fotowerkstatt-bernard.de, S. 196

Personenverzeichnis

Alfred Bast
1948 in Schwäbisch Gmünd geboren.
Schriftsetzerlehre. Studium an HFG Schwäbisch Gmünd bei den Prof. Nikolaus Plump und Prof. Alfred Lutz.
Studium der freien Malerei an der Staatlichen Akademie der Bildenden Künste in Stuttgart, bei Prof. Gerhard Gollwitzer, Prof. Peter Grau und Prof. Gottfried von Stockhausen.

Stipendien: Studienstiftung des deutschen Volkes mit Auslandsstipendium nach Pondicherry – Auroville in Südindien. Kunststiftung Baden-Württemberg. Atelierhaus Worpswede.
Artist in Residence: Jamshedpur – Indien, Bethleheim – USA, Székésfehévar – Ungang, Breuninger-Stiftung, Wasan Island – Kanada. Goethe-Institutes in Tiblissi/Georgien, und Dakar/Senegal/ Afrika.

1995 Gründung der Initiative KUNSTKLOSTER art research.
Ausstellungen, Seminare, Performances, Vorträge und Veröffentlichungen: international, national und regional.
Freischaffend seit 1975.
Lebt und arbeitet in Abtsgmünd-Hohenstadt und in Berlin, und ist mit zwei Kindern und vier Enkeln beschenkt.
www.alfred-bast.de

Doris Baumgartner
geboren 1940 in Freiburg (†2002)
Krankengymnastin, Physiotherapeutin, Ausbildung in Tai Chi, Meditation des Tanzes und Ausbildung Tanz – Bewegung – Tanzpädagogik im Chladek®System bei Professor Rosalia Chladek.

Irja Hiltunen
1937 in Finnland geboren.
Nach ihrem Schulabschluss arbeitete sie in einer Buchdruckerei.
Studium (4 Jahre) und Abschluss an der Kunstakademie für graphische Kunst in Helsinki.

Sie hat immer aktiv gemalt; ihre Lieblingsthemen waren die Natur und Kinder. Zahlreiche Kurse und Seminare in Folklore-Tanz 1980-2016 und Meditation des Tanzes 1988-2016.
Zu ihren Gemälden hat sie viele Gedichte verfasst.

Saskia Kloke
geboren 1969 in Assen (NL). Mit 9 Jahren erster Ballettunterricht und ab dem 11. intensives Training in Selektionsklassen. Bei Aufführungen in Utrecht tanzte sie u. a. Soloparten. Folkloretanz bei Ciga Despotovic, Paya Milic, Silviu Ciucimus etc., gewann Disco-Wettbewerbe für das Fernsehprogramm Toppop. und trainierte bei Barry Stevens in Amsterdam Jazz-Tanz. Teilnahme an vielen workshops von B. Wosien und F. Kloke-Eibl, 3-jährige Ausbildung am Ausbildungsinstitut in Florianopolis und Recife (Brasilien).

An der Modeakademie Rotterdam absolvierte Saskia Kloke ein 3-jähriges Studium, arbeitete als Designerin und Produktionsleiterin für diverse Konfektionsfirmen und hatte bis 2002 ihr eigenes label. Bei verschiedenen Theaterproduktionen und bei allen Video-Projekten von Friedel Kloke-Eibl / Michael Schilhansl wirkte sie als Tänzerin und als Kostümberaterin mit.

Saskia Kloke ist Mitarbeiterin von Friedel Kloke-Eibl, unterrichtet in vielen europäischen Ländern sowie Südamerika und choreographiert eigene Tänze. Bisher hat sie 6 CD's veröffentlicht: „Das Hohelied der Liebe“ (+ Tanzanleitungsbuch) „Eternal Prelude“, „Kontemplation“, „Im Gedankenlicht“ (+ Tanzanleitungsbuch) „Grace“ und „Reigen der Göttinnen“.

Hans (Pepi) Schweigert
Sozialpädagoge und Consultant für Organisationsentwicklung für NGOs und Basisorganisationen in Brasilien. Ausbildung am Institut Meditation des Tanzes in Recife-Brasilien. Während seiner Ausbildung lernte er Friedel Kloke-Eibl kennen und es begann die Zusammenarbeit mit ihrer Stiftung Favela-Kinder.

Silja Walter
geboren 1919 in der Schweiz war eine Schweizer Benediktinerin und Schriftstellerin. Von 1933 bis 1938 besuchte sie das Lehrerinnenseminar Bernarda in Menzingen. Das anschliessende Studium der Literaturwissenschaften an der Universität Freiburg, später an der Universität Basel, musste sie aus gesundheitlichen Gründen abbrechen. 1944 veröffentlichte sie ihre ersten Gedichte.

1948 trat sie ins Kloster Fahr ein. Am 11. Oktober 1949 legte sie ihre ersten Gelübde ab und erhielt den Ordensnamen Schwester Maria Hedwig. Silja Walter veröffentlichte über 60 Werke. Neben zahlreichen lyrischen Werken schrieb sie auch Mysterienspiele und Theaterstücke. Im Paulusverlag ist eine Gesamtausgabe ihrer Schriften und ihre Autobiografie „Das dreifarbene Meer“ erschienen. Sie verstarb im Alter von 91 Jahren im Kloster Fahr.

Silja Walters Schaffen wurde mehrfach durch Preise ausgezeichnet, etwa durch den Literaturpreis und Kulturpreis der Stadt Zürich, zweimal (1956 und 1992) den Gesamtwerkspreis der Schweizerischen Schillerstiftung und den Kunstpreis des Kantons Solothurn. Sie war Ehrenbürgerin von Rickenbach, Würenlos und Mümliswil-Ramiswil.

Hartmut Warm
Jahrgang 1956, Autor der „Signatur der Sphären“.
Programmierer, Diplom-Ingenieur, Ausbildung zum Dozenten für bewusstes Musikhören (Musicosophia), langjährige Studien zur Geschichte der Sphärenharmonie und zur planetarischen Astronomie. Umfangreiche Vortragstätigkeit in verschiedenen Ländern über die von ihm aufgefundenen Ordnungsstrukturen im Sonnensystem und ihre Bedeutung für unser Weltverständnis. Günter-Bergmann-Preis-Träger 2016 für die Computersimulation der umlaufenden Jupitermonde zur Komposition Harmonice Mundi Jovis von Günter Bergmann. (www. keplerstern.de)

Anmerkungen

Im Laufe der Jahre sind uns viele Texte bekannt und wichtig geworden. Leider war es uns aber nicht möglich, bei allen Gedichten und Zitaten die genauen Quellen zu ermitteln. Wir bitten um Nachsicht und sind für diesbezügliche klärende Hinweise und Informationen jederzeit dankbar.

1 Hesse, Hermann: Eigene Seminarunterlagen.

2 Binding, Rudolf (1867-1938): Sonette der Verschmähten - Nr. 10.

3 Rilke, Rainer Maria: Das Stundenbuch, enthaltend die drei Bücher: Vom mönchischen Leben, Von der Pilgerschaft, Von der Armuth und vom Tode. Leipzig: Insel-Verlag, 1905. www.textlog.de/rilke.html

4 Domin, Hilde.: Die schwersten Wege. Zit. n. Ilka Scheidgen, Hilde Domin, Dichterin des Dennoch, Kaufmann Verlag 2006.

5 Morgenstern, Christian: Einen Freund über seinen Liebeskummer zu trösten. Sämtliche Dichtungen. Abteilung 1, Band 11, Basel 1971-1973, S. 41-42.

6 Feigenwinter, Max: Immer wieder gehen Sterne auf. Aus: Ders., Den Jahren mehr Leben geben. © 2019 Verlag am Eschbach der Schwabenverlag AG, Eschbach/Markgräflerland

7 Hatzfeld, Adolf (1892-1957): „An Gott - Gedichte. Berlin: Cassirer, 1919.

8 Goethe, Johann Wolfgang von: Licht ins Herz. Gedichte. www.textlog.de/goethe.html

9 Rilke, Rainer Maria: Brief an Arthur Holitscher 13.12.1905. www.textlog.de/rilke.html

10 Thakar, Vimala (1921-2009): Eigene Seminarunterlagen.

11 Rilke, Rainer Maria: Eigene Seminarunterlagen.

12 Wosien, Bernhard: Eigene Seminarunterlagen.

13 Hesse, Hermann (2001): Das Glasperlenspiel. Versuch einer Lebensbeschreibung des Magister Ludi Josef Knecht samt Knechts hinterlassenen Schriften, in: ders., Sämtliche Werke in 20 Bänden. Herausgegeben von Volker Michels. Band 5. © Suhrkamp Verlag Frankfurt am Main 2001.

14 Rilke, Rainer Maria: Musik: Atem der Statuen. Letzte Gedichte und Fragmentarisches. www.textlog.de/rilke.html

15 Gandhi, Mahatma: Eigene Seminarunterlagen.

16 Rilke, Rainer Maria: Sämtliche Werke, Band II unter „Entwürfe“, Capri 1906.

17 Thakar, Vimala (1921-2009): Eigene Seminarunterlagen.

18 Bejart, Maurice: Zit. n. Calendoli, Giovanni, Tanz, Rhythmus, Kult, Braunschweig, 1986, S. 267.

19 Rilke, Rainer Maria: www.textlog.de/rilke.html

20 Dürckheim, Karlfried Graf (1896 -1988): In: Wehr, G: Karlfried Graf Dürckheim - Ein Leben im Zeichen der Wandlung. München: Kösel-Verlag, 1988.

21 Boesch, Josua (1922-2012), © by noah-verlag (Dörig, CH-9016 St. Gallen). Text zum Bild: „Ein Christ scheint so etwas wie ein Seiltänzer zu sein. Kein braver Fußgänger. Viel eher ein Clown auf dem Seil über den Abgründen des Lebens. Er balanciert hinter dem Auferstandenen her mit weit ausgebreiteten Armen. Seine Basis ist oben in der Kreuzform. Und mit den Füßen tastet er sich Schritt für Schritt auf dem Seil der Gegenwart ans Ufer der Zukunft."

22 Ohm, Thomas (1892-1962): Gebetsgebärden der Völker und das Christentum. Leiden: Brill, 1948.

23 Rilke, Rainer Maria: Mir zu Feier. KA 1, 111.

24 Wosien, Bernhard: Eigene Seminarunterlagen. Auszug aus einem Vortrag 1983 anlässlich eines Osterfestivals in Findhorn.

25 Rahner, Hugo (1954): Der spielende Mensch. Einsiedeln: Johannes-Verlag, S. 59 ff.

26 Leeuw, Gerard van der (1957): Vom Heiligen in der Kunst, Gütersloh: Bertelsmann.

27 Sölle, Dorothee: Auszug aus dem Vortrag „Gedanken zum Vaterunser von Regionalbischöfin Susanne Breit-Keßler."

28 Auszug aus der Facharbeit von Saskia Kloke „MEDITATION DES TANZES – Sacred Dance. Von den Anfängen bis heute - aus der Nähe betrachtet."

29 Hesse, Hermann: Das Glasperlenspiel. SW 5, 288. Berlin: Suhrkamp, 1946.

30 Keller, Liane: Mythos der Sterne. Stuttgart: Mellinger.

31 Hesse, Hermann: Eigene Seminarunterlagen.

32 Matisse, Henri (1960): La Chapelle du Rosaire. In: Farbe und Gleichnis. Fischer, Frankfurt, S. 105-110.

33 Schneemelcher, Wilhelm (1999): Neutestamentliche Apokryphen. Band I: Evangelien, 6. Aufl., Tübingen: Mohr

34 Die Findhorn Foundation / Findhorn Community wurde 1962 gegründet und ist eine spirituell orientierte Lebensgemeinschaft in Nordschottland. Die Gemeinschaft ist eine Intentional Community (dt.: bewusste Gemeinschaft), die gemeinsame Ziele und gemeinschaftliche Tätigkeiten in der Lebensgestaltung betont.

35 Rosenberg. (1986): Engel und Dämonen: Gestaltwandel eines Urbildes. München: Kösel, 2. Auflage, S. 60

36 Betz, Otto (2001): Du hast Engel um Dich: Kleine Lehre des guten Lebens nach Rainer Maria Rilke. Münsterschwarzach: Vier-Türme-Verl.

37 Rilke, Rainer Maria (1907): Liebes-Lied. Aus: Neue Gedichte.

38 Nelly Sachs (*1891-1970) war eine jüdische deutsch-schwedische Schriftstellerin und Lyrikerin. 1966 erhielt sie den Nobelpreis für Literatur.

39 Silja Walter (1919-2011 im Kloster Fahr), Schweizer Benediktinerin und Schriftstellerin. Gesamtausgabe Band 8, © 2005 Verlag Herder GmbH, Freiburg i. Br.

40 Kramer-Lauff, Dietgard (1969): Tanz und Tänzerisches in Rilkes Lyrik. München: Fink Verlag.

41 Rilke, Rainer Maria (1906): Spanische Tänzerin. Aus: Neue Gedichte

42 Hlukhovych, Adrianna (2007): „... wie ein dunkler Sprung durch eine helle Tasse ...“: Rainer Maria Rilkes Poetik des Blinden; eine ukrainische Spur. Würzburg: Königshausen & Neumann

43 Pawlowa, Anna (1881-1931) russische Primaballerina. Eigene Seminarunterlagen

44 Rudloff, Diether (1986): Über den Zusammenhang der Künste mit dem Wesen des Menschen. Grundlegendes zu einer spirituellen Ästhetik. Trasadingen: Oratio Verlag.

45 Friedrich Hölderlin (*1770-1843), deutscher Dichter, der zu den bedeutendsten Lyrikern seiner Zeit zählt.

46 Edmund Burke (1729-1797), irisch-britischer Schriftsteller, früher Theoretiker der philosophischen Disziplin der Ästhetik.

47 Friedrich Schiller (1793): Über Anmut und Würde. In: Sämtliche Werke, 1-5, 3. Auflage, München: Hanser, 1962.

48 Drewermann, Eugen (1992): Zeiten der Liebe. Freiburg: Herder, S. 79

49 Max Picard (1888-1965), Arzt und Kulturphilosoph, verfasste Werke zur Kunsttheorie, Kulturphilosophie und Kulturkritik.

50 Eichendorff, Joseph von (1815): Ahnung und Gegenwart, Kapitel 9

51 Wosien, Bernhard: Eigene Seminarunterlagen. Auszug aus einem Vortrag 1983 anlässlich eines Osterfestivals in Findhorn.

52 F. Kirchner, eigene Seminarunterlagen.

53 Rudolf von Laban (1879-1958), ungarischer Tänzer, Choreograf und Tanztheoretiker. Begründer der nach ihm benannten Labanotation. Laban gilt neben Émile Jaques-Dalcroze als Begründer des deutschen Ausdruckstanzes.

54 Hesse, Hermann (2013): In Media Vita. Ausgewählte Gedichte. Frankfurt: Suhrkamp.

55 Davon gibt es verschiedene Versionen, z. B. „Ich schlief und träumte, das Leben sei Freude. Ich erwachte und sah, das Leben ist Pflicht. Ich tat meine Pflicht, und siehe da, das Leben ward Freude. “ Rabindranath Tagore.

56 C. G. Jung (1875-1961) war ein Schweizer Psychiater und der Begründer der Analytischen Psychologie.

57 Eigene Seminarunterlagen. Autor konnte leider nicht herausgefunden werden.

58 Rilke, Rainer Maria, SW 3. 756.

59 Sebastião da Gama (1924-1952), portugiesischer Dichter. Eigene Seminarunterlagen.

60 Fromm, Erich (1900-1980), deutsch-US-amerikanischer Psychoanalytiker, Philosoph und Sozialpsychologe.

61 Fromm, Erich: (1979): Haben oder Sein. München: dtv.

62 Saint-Exupéry, Antoine (1900-1944), französischer Schriftsteller und Pilot. Aus „Die Stadt in der Wüste“, Düsseldorf: Karl Rauch Verlag.

63 Khadem-Missagh, Bijan (geb. 1948), österreichischer Violinist, Komponist und Dirigent iranischer Abstammung.

64 Femke van Doorn Last (1985): Volkstanz lehren und lernen. Wolfenbüttel: Georg Kallmeyer Verlag.

65 Lukian von Samosata, * um 120 in Samosata; † vor 180 oder um 200 in Alexandria, bekannter griechischsprachiger Rhetor und Satiriker. August Friedrich Pauly: Lucian's Werke, J.B Metzler Verlag Stuttgart 15 Bändchen, 1827-1832, Band 9.

66 Hesse, Hermann (1971): Das Glasperlenspiel. Frankfurt: Suhrkamp, S. 39.

67 Goethe, Johann Wolfgang: Faust. Dieses Zitat war an die Adresse seiner Zunft (Juristen) gerichtet.

68 Khadem-Missagh, Bijan *1948, österreichischer Violinist, Komponist und Dirigent iranischer Abstammung.

69 Wosien, Bernhard (1988): Der Weg des Tänzers. Linz: Veritas Verlag.

70 Isadora Duncan (1878-1927), amerik. Tänzerin, Lehrerin und Schriftstellerin.

71 Siehe dazu z. B. Kast, Verena (2014): Die Tiefenpsychologie nach C. G. Jung - Eine praktische Orientierungshilfe. Düsseldorf: Patmos.

72 Wosien, Bernard: Kalamatiano. Auszug aus einem Vortrag in Schloss Grafenegg, Österreich 1983

73 Bindel, Ernst (1958): Die geistigen Grundlagen der Zahlen. Stuttgart: Verl. Freies Geistesleben.

74 Betz, Otto: Zur Eschatologie in Dantes „Göttlicher Komödie": Christlicher oder mythologischer Jenseitsglaube? Vortrag, Passau 2009

75 Rilke, Rainer Maria (1907): Letzte Strophe aus dem Gedicht „Fensterrose." Aus: Neue Gedichte.

76 Anne von Linden: Eigene Seminarunterlagen.

77 Achilleus Tatios, griechischer Schriftsteller 139 n. Chr.

78 William Butler Yeats, *1865 - †1939, irischer Dramatiker, Lyriker, Essayist und Autobiograph, Nobelpreisträger für Literatur.

79 Hafis (persisch ausgesprochen) Hafez (*um 1315 in Schiras, Iran; † um 1390 ebenda) ist einer der bekanntesten persischen Dichter und Mystiker. Eigene Seminarunterlagen.

80 Wedemeyer, Inge, von (1994): Im Rosengarten zu singen. Heidelberg: Werner Kristkeitz Verlag.

81 Kast, Verena (2002): Paare. Beziehungsphantasien oder wie Götter sich in Menschen spiegeln. Stuttgart: Kreuz.

82 Bodé, Maryse: Von Sternenkraft bewegt. Eigene Seminarunterlagen.

83 Rilke, Rainer Maria: Ich lebe mein Leben in wachsenden Ringen. 1889.

84 Wosien, Bernhard: Eigene Seminarunterlagen.

85 Johann Caspar Lavater (1741-1801), reformierter Pfarrer, Philosoph und Schriftsteller.

86 Hesse, Hermann: Stufen. Aus: Hermann Hesse, Sämtliche Werke in 20 Bänden. Herausgegeben von Volker Michels. Band 10: Die Gedichte. © Suhrkamp Verlag Frankfurt am Main 2002.

87 Reinhild Traitler (*1940), langjährige Mitarbeiterin beim Ökumenischen Rat der Kirchen

in Genf, Leitung bis 2003 des Evangelischen Tagungs- und Studienzentrums Boldern bis 2003.

88 Gitta Mallasz, (1907-1992) war eine ungarische Grafikerin, Malerin sowie Autorin. Besonders bekannt wurde sie durch ihr Buch „Die Antwort der Engel“. Eigene Seminarunterlagen.

89 Hesiod, *vor 700 v. Chr., griechischer Dichter, dessen Werke eine wesentliche Quelle unseres heutigen Wissens über die griechische Mythologie und Mythographie sowie das Alltagsleben seiner Zeit sind. Eigene Seminarunterlagen.

90 H. de Neufville. Eigene Seminarunterlagen.

91 Herbert Hahn. Eigene Seminarunterlagen.

92 Hedwig von Redern, 1866-1935, deutsche Erzählerin und Kirchenliederdichterin. Eigene Seminarunterlagen.

93 G. J. Ouseley (1901/1994): Evangelium des vollkommenen Lebens Verlag: Rozekruis Pers.

94 Sölle, Dorothee (1929-2003), war eine deutsche evangelische Theologin und Dichterin. Eigene Seminarunterlagen.

95 Hüsch, Hanns Dieter (1925-2005) war ein deutscher Kabarettist und Schriftsteller. Eigene Seminarunterlagen.

96 Pierre Stutz, Theologe und Autor. Eigene Seminarunterlagen.

97 Auszug aus dem Tätigkeitsbericht des Teams Galpão dos Meninos e Meninas de Santo Amaro Recife – Pernambuco – Brasil 2014 für die Stichting Favela-Kinder von Hans Pepi Schweigert.

98 Walter, Silja: © 2005 Verlag Herder GmbH, Freiburg i. Br.

99 Rahner, Hugo: Der spielende Mensch. Einsiedeln: Johannes-Verl., 1954, S. 59 ff.

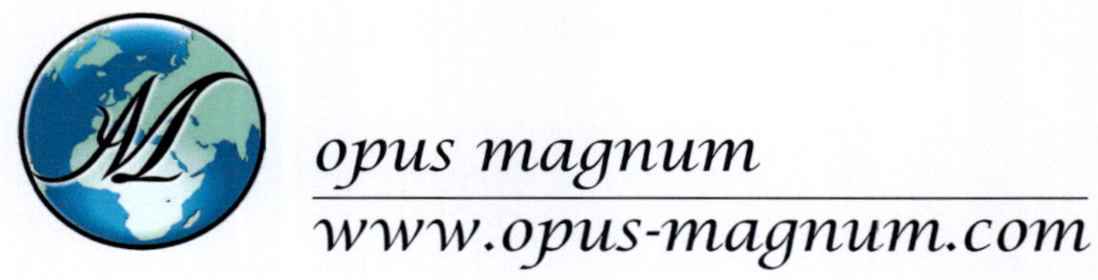

Lutz Müller, Anette Müller
Quintessenz - Wofür es sich lohnt zu leben
Therapeuten und Autoren ziehen ihre Lebensbilanz
2020, € 24,90, 540 S., ISBN: 978-3956120251

Lutz Müller
Trotzdem ist die Welt ein Rosengarten
Zum Glück des Seins erwachen
und das Wunder des Lebens feiern
212 S., € 16,90, ISBN: 978-3939322535

„So einfach: Das gesuchte Wunder sind wir selbst!"

Sabine Grumann
Öffne dem Wunder Dein Ohr
Mit Musik und Tanz dem Fluss des Leben folgen
264 S., 16,90 €, ISBN: 978-3939322498

„... ein Buch, das man genießt."

Sabine Grumann
Nach Lebensfreude sehnt sich die Erde
Eine spirituelle Herausforderung
2019, 164 S., € 9,99, ISBN-13: 978-3956122019

„Ein notwendiges Buch für unsere heutige Zeit!"

Sabine Hertweck
Das Momo-Prinzip
„Geh doch zu Momo!" oder: Aufbruch in eine neue Welt
84 S., 9,90 €, ISBN: 978-3939322849

„Kleinod mit wunderbar großem Potenzial."